SÃO FRANCISCO DE ASSIS

G.K. CHESTERTON

❧

SÃO FRANCISCO DE ASSIS

❧

ECCLESIAE

São Francisco de Assis
G. K. Chesterton
1ª edição – outubro de 2014 – CEDET
Impresso no Brasil

Edição original: *St. Francis of Assisi*, 1923.

Copyright © 2014 by CEDET
Os direitos desta edição pertencem ao
CEDET – Centro de Desenvolvimento Profissional e Tecnológico
Rua Ângelo Vicentin, 70
CEP: 13084-060 - Campinas - SP
Telefone: 19-3249-0580
e-mail: livros@cedet.com.br

Editor:
Diogo Chiuso

Editor-assistente:
Thomaz Perroni

Revisão e notas complementares:
Alessandra Lass

Ilustração, capa & editoração:
Laura Barreto

Conselho Editorial:
Adelice Godoy
César Kyn d'Ávila
Diogo Chiuso
Silvio Grimaldo de Camargo

Ecclesiae Editora
www.ecclesiae.com.br

Reservados todos os direitos desta obra.
Proibida toda e qualquer reprodução desta edição por qualquer meio ou forma, seja ela eletrônica ou mecânica, fotocópia, gravação ou qualquer outro meio de reprodução, sem permissão expressa do editor.

Sumário

CAPÍTULO I
O problema de São Francisco 7

CAPÍTULO II
O mundo que São Francisco encontrou 15

CAPÍTULO III
Francisco, o guerreiro 31

CAPÍTULO IV
Francisco, o construtor 45

CAPÍTULO V
Le jongleur de Dieu 57

CAPÍTULO VI
O pobrezinho 71

CAPÍTULO VII
As três ordens 85

CAPÍTULO VIII
O espelho de Cristo 99

CAPÍTULO IX
Milagres e morte 113

CAPÍTULO X
O testamento de São Francisco 125

ORAÇÃO
Pela beatificação de G. K. Chesterton 135

CAPÍTULO I

O problema de São Francisco

Na literatura moderna, pode se traçar de três maneiras um perfil de São Francisco de Assis, e entre estas o escritor deverá fazer a sua escolha. A terceira maneira, aqui adotada, é, sob certos aspectos, a mais difícil; ao menos seria a mais difícil se as outras duas não fossem impossíveis.

Em primeiro lugar, o escritor poderá considerar este grande e surpreendente homem como uma figura da história secular e um modelo das virtudes sociais. Poderá descrever o divino demagogo como o único democrata verdadeiramente sincero do mundo (é provável que, de fato, tenha sido). Poderá dizer, o que não seria muito significativo, que São Francisco se adiantara à sua época. Poderá narrar (e isso seria verdade) que ele antecipara tudo quanto no convívio atual se apresenta com o máximo de liberalidade e de complacência: o amor à natureza, o amor aos animais, o sentimento da compaixão social, o senso dos perigos espirituais decorrentes da prosperidade e até mesmo das posses materiais. Todas essas coisas, que ninguém compreendeu antes de Wordsworth, eram bens com que São Francisco já estava familiarizado. Tudo quanto fora descoberto pela primeira vez por Tolstói, São Francisco já tinha como certo. Poderia ser apresentado como herói, não apenas humano, mas sobretudo humanitário; como, de fato, o primeiro herói do humanismo. Fora descrito como uma espécie de estrela d'alva da Renascença. E, na comparação de todas essas coisas, a sua teologia ascética poderia ser ignorada, e até mesmo abandonada, como acidente contemporâneo que, felizmente, não foi acidente fatal. Poderia considerar a religião como uma superstição, mas superstição inevitável, da qual nem o próprio gênio conseguiria eximir-se totalmente, e, nessa consideração, seria injusto condenar em São Francisco sua renúncia individual, ou censurá-lo indevidamente pela castidade. É bem verdade que, ainda quando colocado em perspectiva tão imparcial, sua postura continuaria a parecer heróica. Restaria muito a dizer a respeito do homem que tentara pôr fim às Cruzadas falando aos sarracenos ou que intercedera pelas aves junto ao imperador. O escritor poderia descrever com espírito puramente histórico a totalidade dessa grande inspiração franciscana, sentida na pintura de Giotto, na poesia de Dante, nas peças milagrosas que tornaram possível o drama hodierno e em tantas outras coisas já apreciadas pela cultura moderna. Poderá fazê-lo, como já outros o fizeram, sem quase levantar questão religiosa alguma. Em suma, poderá tentar narrar a história de um santo sem Deus, o que seria equivalente a escrever-se uma biografia de Nansen[1] sob proibição de mencionar o Pólo Norte.

Em segundo lugar, poderá o escritor colocar-se no extremo oposto e decidir, por assim dizer, manifestar-se ousadamente religioso. Poderá fazer do entusiasmo teológico o seu tema tão categoricamente como o fizeram os primeiros franciscanos. Poderá tratar da religião como da coisa verdadeira que fora para o verdadeiro Francisco de Assis. Poderá, por assim dizer, fruir de uma alegria austera fazendo desfilar os paradoxos do ascetismo e toda a confusão da humildade. Poderá marcar toda a história com os estigmas, registrar jejuns como lutas com um dragão, até que, na vaga mente moderna, São Francisco se converta numa figura sombria como a de São Domingos. Poderá, em suma, produzir algo que muitos do nosso mundo irão comparar a um negativo fotográfico em que se processa a inversão de todas as luzes e sombras,

---

[1] Fridtjof Nansen (1861–1930) foi um explorador norueguês famoso por sua expedição ao Pólo Norte – NC.

algo que aos néscios será impenetrável como as trevas e até a muitos sábios invisível como matéria escrita em prata sobre fundo branco. Semelhante estudo da personalidade de São Francisco seria ininteligível a quantos não compartilhassem da sua religião e, talvez, apenas parcialmente inteligível àqueles que não participassem da sua vocação. Conforme os graus do julgamento, seria considerado coisa ou ruim demais ou boa demais para o mundo.

A única dificuldade em fazer a coisa deste modo é que não pode ser feita. Para descrever a vida de um santo seria realmente necessário outro santo.

Neste caso as objeções a semelhante curso são insuperáveis.

Em terceiro lugar, poderá tentar fazer o que aqui tentei. E, como já observei, o processo tem problemas peculiares que lhe são próprios. O escritor poderá colocar-se na posição do observador e pesquisador comum moderno, posição em que, com efeito, o presente autor ainda se acha em larga medida, quando antes aí se mantivera inteiramente. Poderá partir do ponto de vista de um homem que já admire São Francisco, porém tão somente pelas coisas que esse homem julgue admiráveis. Em outras palavras, poderá presumir que o leitor esteja esclarecido pelo menos tanto quanto Renan ou Matthew Arnold,[2] mas à luz desse esclarecimento procurar iluminar aquilo que Renan e Matthew Arnold deixaram na obscuridade. Poderá procurar valer-se do que já está compreendido para explicar o que ainda não se compreende. Poderá dizer ao leitor atual: "Eis aqui uma personagem histórica já admitidamente atrativa para muitos de nós, pela jovialidade, imaginação romântica, camaradagem e cortesia espirituais, mas que ao mesmo tempo comporta elementos (evidentemente tão sinceros e enfáticos) que lhe parecem assaz remotos e repulsivos. Entretanto, este homem, afinal de contas, era um só e não meia dúzia de indivíduos. O que lhe parecer inconsistência, não terá parecido inconsistência a ele. Vejamos

---

[2] Trata-se de Joseph Ernest Renan (1823-96), teólogo francês, e Matthew Arnold (1822-88), poeta inglês, que escreveram, entre outros temas, sobre São Francisco de Assis – NC.

se, com auxílio do que já é compreendido, poderemos compreender as outras coisas, que agora nos parecem duplamente obscuras, pelo seu brilho intrínseco e pelo seu contraste irônico." Não suponho, é claro, que de fato eu seja capaz de atingir tal inteireza psicológica num esboço rudimentar e curto como este. O que desejo salientar é que é esta a única condição de controvérsia a que aqui me arrogo: que me dirijo ao observador simpatizante. Não tomarei sobre mim nem mais nem menos do que este acordo. A um materialista poderá não interessar se as inconsistências se reconciliem ou não. O católico poderá não ver inconsistência alguma que reconciliar. Mas aqui estou dirigindo-me ao homem moderno comum, simpatizante, mas cético, e só posso vagamente esperar que, abeirando-me da história deste grande santo pelo que ela tenha de evidentemente pitoresca e popular, ampliarei um pouco a compreensão do leitor acerca da incongruência de um caráter complexo; que, entrando desta forma, poderemos ao menos vislumbrar o porquê do poeta que, louvando o Seu senhor o Sol, amiúde se escondia numa caverna escura; o porquê do santo que, tão brando com o seu irmão lobo, era tão rude com o seu irmão burro (como ele batizara o próprio corpo); o porquê do trovador que, dizendo que o amor lhe lançava chamas ao coração, se afastava das mulheres; o porquê do cantor que, regozijando-se da potência e alegria das chamas, rolava deliberadamente na neve; o porquê da própria canção que, clamando com a paixão ardente de um pagão: "Louvado seja Deus pela nossa Irmã, a mãe terra, que gera variadas frutas, ervas e flores brilhantes", quase termina com as palavras: "Louvado seja Deus pela nossa irmã, a morte do corpo."

Renan e Matthew Arnold falharam totalmente nesta empreitada. Contentaram-se em acompanhar Francisco com os seus louvores, até que se viram embargados pelos seus preconceitos, os preconceitos obstinados dos céticos. No momento em que Francisco se pôs a fazer qualquer coisa que não compreenderam ou da qual não gostaram, eles não procuraram compreender, e muito menos apreciar; voltaram simplesmente as costas e "não mais o seguiram". Dessa maneira nunca haverá quem faça progresso num curso de investigação histórica. Esses céticos são realmente forçados a abandonar toda a questão em desespero, deixar o mais simples e o mais sincero de todos os caracteres históricos como um acervo de contradições, para serem elogiados pelo critério de quem hesita em dizer se alguma coisa é inteiramente boa. Arnold refere-se ao ascetismo do Monte Alverno quase apressadamente, como se fora uma mancha infeliz, mas inegável, na beleza da história, ou, melhor, como se fosse um colapso lamentável e uma burla ao fim da história. Ora, isto é simplesmente um caso de cegueira total em face do ponto culminante de qualquer história. Representar-se o Monte Alverno como o mero colapso de Francisco é o mesmo que se representar o Monte Calvário como o mero colapso de Cristo. Esses montes são montes, fora o mais que possam ser, e é tolice dizer (como a Rainha Vermelha) que são recôncavos comparativos ou buracos negativos no solo. Foram destinados assaz manifestamente para desempenhar o papel de culminâncias e balizas. Referir-se aos estigmas como a uma espécie de escândalo, e do qual se aproximar discretamente, mas com pesar, corresponde exatamente a considerar as cinco chagas originais de Jesus Cristo como cinco nódoas no seu caráter. Pode-se desaprovar a idéia do ascetismo e pode-se, igualmente, não gostar da idéia do martírio, ou, a respeito disso, pode-se ter desagrado natural e honesto a todo o conceito de sacrifício simbolizado pela cruz, mas, se tratando de uma repulsa inteligente, pode-se, não obstante, ainda reter a capacidade de ver o ponto central de uma história, seja ela de um mártir ou de um monge. Lendo-se racionalmente o Evangelho, não se poderá considerar a crucificação como um pensamento subseqüente, uma gradação inversa ou um acidente na vida de Cristo; é evidentemente o ponto da história como a ponta de um punhal, o punhal que transpassou o coração da Mãe de Deus.

E não se poderá ler racionalmente a história de um homem apresentado como um espelho de Cristo sem compreender a sua fase final como homem de sofrimento, e, pelo menos, apreciar artisticamente a propriedade de receber, numa nuvem de mistério e isolamento, infligidas por mãos que não foram humanas, as incicatrizáveis chagas eternas que curam o mundo.

A reconciliação prática da jovialidade com a austeridade, devo deixá-la a cargo da própria história. Mas por isso, já que fiz menção de Matthew Arnold, de Renan e dos admiradores racionalistas de São Francisco, darei aqui uma sugestão quanto ao que me parece mais aconselhável a esses leitores. Esses eminentes autores encontraram tropeço em coisas como os estigmas porque, para eles, a religião era uma filosofia. Era uma coisa impessoal, ao passo que o que aqui supre um paralelo terreno aproximado é somente a paixão mais pessoal. Ninguém irá rolar na neve induzido por uma corrente de tendências pelas quais tudo cumpre a lei da sua existência. Não se absterá de alimento em nome de qualquer coisa, não nós mesmos, que conduza à probidade. Fará coisas como esta, ou bastante parecidas, debaixo de um impulso inteiramente diverso. Fará isto quando sentir o amor. O primeiro fato a ser compreendido a respeito de São Francisco está implicado no começo de sua história, nisso que, quando, a princípio, disse ser Trovador e, mais tarde, Trovador de um romance novo e mais nobre, não fez uso de uma simples metáfora, mas compreendeu a si mesmo muito melhor do que os escolásticos o entendem. Ele foi, até as últimas agonias do ascetismo, um Trovador. Foi um amante. Amante de Deus, e amante sincero e verdadeiro dos homens, possivelmente uma vocação mística muito mais rara. Um amante dos homens aproxima-se do oposto de um filantropo; com efeito, o pedantismo da palavra grega leva em si algo semelhante a uma sátira. Pode-se dizer de um filantropo que seu amor se dirige aos antropóides. Porém, como São Francisco não amou a humanidade, mas o homem, assim também não amou o cristianismo, e sim a Cristo. Digam, se quiserem, que foi um lunático apaixonado por uma pessoa imaginária; mas uma pessoa imaginária, não uma idéia imaginária. E para o leitor moderno, a chave ao ascetismo e a todo o resto poderá ser mais bem encontrada nas histórias de amantes que pareceram antes lunáticos. Conte-as como a história de um dos Trovadores, e de todas as loucuras que praticaria pela sua bela, e imediatamente desaparecerá todo o embaraço atual. Num romance como esse não haveria contradição entre o fato de colher o poeta flores ao sol e suportar vigílias geladas no meio da neve; entre louvar todas as belezas terrenas e corporais, e depois recusar-se alimento; entre glorificar o ouro e a púrpura, para, em seguida, andar perversamente em farrapos; entre o fato de mostrar pateticamente fome de vida feliz, e, de outro lado, sede de morte heróica. Todo esse enigma se resolveria facilmente na simplicidade de qualquer amor nobre; mas este amor foi tão nobre que nove indivíduos de dez nem terão quiçá jamais ouvido falar a seu respeito. Veremos mais adiante que este paralelo do amante terreno tem uma relação muito prática com os problemas da sua vida, como também com as relações mantidas com o seu pai, os seus amigos e parentes. O leitor moderno haverá quase sempre de notar que, se pudesse sentir como realidade esta espécie de amor, poderia sentir como romance esta espécie de extravagância. Todavia aqui apenas o menciono como ponto preliminar, por isso que, embora muito longe de constituir a verdade final na questão, é a melhor maneira de aproximação do assunto. O leitor não poderá sequer começar a perceber o sentido de uma história que lhe parecerá, talvez, demasiado extravagante, enquanto não compreender que para esse grande místico a religião não era coisa parecida com uma teoria, – mas coisa parecida com um caso de amor. E o único propósito deste capítulo preambular é expor os limites deste livro, dirigido apenas à porção do mundo moderno que encontra em São Francisco certa dificuldade moderna; porção essa capaz de admirá-lo, conquanto mal disposta a aceitá-lo, e capaz de apreciar o santo quase despido da santidade. E minha única desculpa em fazer a tentativa de semelhante tarefa é que eu mesmo, durante muito tempo, me achei em várias fases dessa condição. Milhares de coisas que agora compreendo parcialmente eu os teria pensado inteiramente incompreensíveis; muitas coisas que agora tenho como sagradas eu as teria desprezado por inteiramente supersticiosas; e muitas coisas que agora, vistas de dentro, me parecem lúcidas e esclarecidas, eu as teria sinceramente tachado de obscuras e bárbaras, vistas de fora, quando, anos atrás, nos dias de meninice, minha fantasia se inflamara pela primeira vez com a glória de Francisco de Assis. Eu também vivi na Arcádia; mesmo na Arcádia encontrei alguém, trajando hábito pardo, que amava os bosques mais do que Pã.[3]

A figura de hábito pardo encontra-se sobre a lareira da sala onde escrevo, e sozinha entre tantas outras imagens, em fase alguma da minha peregrinação jamais me pareceu estranha. Existe algo de harmonia entre a lareira e a luz da chama e o primeiro prazer que me causou ouvir suas palavras acerca do seu irmão, o fogo; pois ele se encontra bem guardado na minha memória para poder misturar-se com os sonhos mais domésticos dos primeiros dias. Até as sombras fantásticas lançadas pelo fogo fazem uma espécie de pantomima de sombras, que se relaciona com o berçário; não obstante, as sombras já eram, desde então, as sombras dos seus animais e aves prediletas, como ele as vira, grotescas, porém aureoladas com o amor de Deus. O seu irmão lobo e o seu irmão carneiro pareciam então quase como irmão coelho e irmã raposa de um Tio Remus[4] mais cristão. Cheguei lentamente a ver muitos e mais maravilhosos aspectos de semelhante homem; entretanto, nunca perdi esse particular. Sua figura permanece sobre uma espécie de ponte ligando a minha meninice com a minha conversão a muitas outras coisas; pois o romance da sua religião penetrara até no racionalismo daquele vago período vitoriano. Em tanto quanto tive esta experiência, poderei levar outros um pouco além no caminho, mas somente pouca coisa além. Ninguém sabe melhor do que eu agora que é esse um caminho que os anjos poderiam recear pisar, mas, embora certo do insucesso, não me sinto assoberbado pelo temor; pois ele suportou alegremente os tolos.

---

[3] Pã é o deus dos bosques segundo a mitologia grega – NC.

[4] Tio Remus foi uma série de estórias infantis escritas por Joel Chandler Harris, jornalista de ascendência irlandesa – NC.

CAPÍTULO II

O mundo que São Francisco encontrou

A INOVAÇÃO MODERNA que substituiu o jornalismo pela história, ou por essa tradição que é o comentário da história, teve ao menos um efeito definido. Assegurou que todos poderiam ter apenas conhecimento do fim de cada história. Os jornalistas têm o hábito de imprimir, por cima de precisamente o último capítulo das suas histórias periódicas (quando o herói e a heroína se encontram a ponto de se abraçar no último capítulo, coisa que somente uma perversidade inexplicável os impedira de fazer no primeiro), as palavras um tanto desnorteadoras: "o leitor poderá começar a história apenas daqui." Todavia nem este paralelo é completo, pois os jornais dão, de fato, uma espécie de resumo da história, embora não apresentem nada que se assemelhe, remotamente, a uma sinopse da história. Tratam, não somente das notícias, mas de tudo, como se fosse absoluta novidade. É exatamente da mesma forma pela qual lemos que o almirante Bangs foi alvejado com um tiro, quando essa notícia é a primeira notificação que temos de que tal indivíduo existia. Há qualquer coisa singularmente significativa no emprego que o jornalismo dá aos seus recursos biográficos. Nunca se lembra de publicar a vida enquanto não publica a morte. E do mesmo modo como cuida dos indivíduos, cuida das instituições e das idéias. Depois da Grande Guerra, o nosso público começou a ouvir que toda espécie de nação se estava emancipando.

Entretanto, jamais ouvira uma só referência ao fato de terem estado escravizadas. Éramos convocados para ajuizarmos da justiça das colonizações, sem que nunca tivéssemos tido permissão de tomar conhecimento da existência de tais litígios. O povo acharia pedante falar do heroísmo sérvio, e prefere discorrer em linguagem vulgar, moderna, sobre a nova diplomacia internacional iugoslava; e todos se acendem de entusiasmo ante algo a que chamam Tchecoslováquia, sem que, aparentemente, jamais tivessem ouvido falar da Boêmia. Coisas que são antigas como a Europa assumem caráter mais novo do que as recentes novidades dos prados da América. É muito animador; como o último ato de uma peça a pessoas que entram no teatro pouco antes de fechar as cortinas. Não conduz, porém, exatamente, à compreensão do que se estivesse passando. Poder-se-ia recomendar esse modo sossegado de patrocinar o teatro àqueles que se contentam em assistir meramente a um tiro de pistola ou a um beijo apaixonado. Mas isto não satisfaz a quantos atormente a simples curiosidade intelectual de saber quem está beijando, quem foi morto, e por que razão.

A maior parte da história moderna, especialmente na Inglaterra, padece da mesma imperfeição que o jornalismo. Na melhor das hipóteses narra apenas metade da história do cristianismo, e, ainda assim, a segunda metade, sem a primeira.

Os indivíduos cujo raciocínio começa com a Reforma Protestante nunca podem dar uma explicação completa do que quer que seja, visto terem como ponto de partida instituições cuja origem não sabem traçar, e, geralmente, não são capazes de imaginar. Da mesma forma como ouvimos dizer que o almirante faleceu, embora nunca ouvíssemos falar de que algum dia ele nascera, assim também muito nos veio ao conhecimento relativamente à dissolução dos mosteiros, embora quase nada chegasse até nós com respeito à criação dos mosteiros. Ora, esta espécie de história seria lastimavelmente insuficiente, mesmo para um homem inteligente que odiasse os mosteiros. É lastimavelmente insuficiente no tocante a instituições que muitos homens inteligentes odeiam com espírito bastante sadio. Por exemplo, é possível que muitos de nós tenhamos visto de forma ocasional uma menção qualquer, feita pelos nossos doutos escritores preeminentes, de uma instituição obscura chamada Inquisição Espanhola. É, efetivamente, uma instituigão obscura, de acordo com eles e com as histórias que leram. É obscura porque obscura é a sua origem. A história protestante começa simplesmente com a coisa horrível em posse, igual à pantomima que começa com o rei demônio na cozinha do duende. Bastante provável é que, especialmente na proximidade do fim, fosse qualquer coisa horrível, capaz de ser assediada pelos demônios; contudo, se dissermos que assim foi, não teremos noção absolutamente alguma do motivo. A fim de compreendermos a Inquisição Espanhola teríamos necessidade de descobrir duas coisas, com as quais nunca nos demos ao trabalho de sonhar: o que era a Espanha e o que era uma inquisição. A primeira traria toda a grande questão da Cruzada contra os mouros, e o cavalheirismo heróico pelo qual uma nação da Europa se libertou de um domínio alienígena procedente da África. A segunda traria todo o assunto da outra Cruzada contra os albigenses, e a razão por que os homens amavam e odiavam a visão niilista da Ásia. A não ser que compreendamos ter havido originariamente, nessas coisas, o ímpeto e o romance de uma cruzada, não conseguiremos entender como puderam ter iludido os homens ou arrastá-los para o mal. Os cruzados indubitavelmente abusaram da sua vitória, mas houve uma vitória de que abusaram. E onde existe vitória existem valor no campo e popularidade no fórum. Há uma espécie de entusiasmo que estimula os excessos e acoberta as falhas. Por exemplo, eu mesmo, desde os primeiros dias, sustentei a responsabilidade dos ingleses pelo tratamento atroz dos irlandeses. Não obstante, seria grande deslealdade para com os ingleses descrever-se a maldade de 1798 [5] deixando-se omissa toda menção da guerra com Napoleão. Seria injusto

---

[5] A Sociedade dos Irlandeses Unidos, liderada por Robert Emmet, procurou trazer católicos protestantes em conjunto e planejou uma rebelião em 1798 em que foram derrotados – NC.

sugerir-se que a mente inglesa não estivesse fixada em nada senão na morte de Emmet, quando mais provavelmente ela estava repleta de glória com a morte de Nelson. Infelizmente 1798 esteve longe de ser o último ano que assistiu a obra tão suja, pois, há bem poucos anos, os nossos políticos começaram a tentar domínio roubando e matando ao acaso, enquanto que admoestavam brandamente os irlandeses pela sua lembrança de coisas infelizes, já longe e antigas, e das batalhas do passado remoto. Entretanto, por péssimo juízo que façamos do caso *Black and Tan*,[6] seria injusto esquecermos que muitos de nós não pensávamos no *Black and Tan*, mas no uniforme caqui, e que o caqui tinha, nesse ínterim uma conotação nobre e nacional cobrindo muitas coisas. Escrever-se sobre a guerra na Irlanda, deixando-se de lado a guerra com a Prússia, e a sinceridade inglesa a seu respeito, seria cometer injustiça aos ingleses. Do mesmo modo, referir-se à máquina de tortura, como se fosse algum brinquedo hediondo, é ser injusto para com os espanhóis. Não narra com sensatez, desde o início, a história do que os espanhóis fizeram, e o motivo. Podemos concordar com os nossos contemporâneos em que, seja como for, não é história que acaba bem. Não insistimos, de outro lado, que, na versão que fizeram, ela devesse começar bem. O que lamentamos é que, na versão deles, ela não tenha absolutamente início. Só estão presentes no momento da morte; ou até, como Lord Tom Noddy, chegam atrasados para o enforcamento. É bem verdade que, por vezes, era mais horrível do que qualquer execução na forca; mas eles recolhem, por assim dizer, precisamente a cinza das cinzas, a ponta da acha.

O caso da Inquisição foi tomado aqui ao acaso, por ser um dentre os muitos que ilustram a mesma coisa, e não por estar especialmente ligado a São Francisco, fosse qual fosse o sentido em que se achasse ligado a São Domingos. Bem poderemos realmente sugerir mais tarde que São Francisco é ininteligível, da mesma forma como São Domingos é ininteligível,

---

[6] Os *Black and Tan* foram uma força de combate de elite composta em sua maioria por veteranos britânicos da Primeira Guerra Mundial, empregados como uma força para reprimir as rebeliões na Irlanda – NC.

salvo se compreendermos um pouco o que o século XIII entendia por heresia e cruzada. No momento, porém, sirvo-me dele como exemplo menor para uma finalidade muitíssimo maior. É para indicar que, começar a história de São Francisco pelo nascimento de São Francisco, seria omitir-se todo o ponto vital da história, ou, quiçá, não se contar absolutamente a história. E é para sugerir que a história do tipo moderno de jornalismo que apresenta o fim antes do começo falha-nos perenemente. Ouvimos falar de reformadores, sem estarmos informados acerca do que tiveram de reformar; de rebeldes, sem conhecermos os fatos que determinaram a rebelião; de memoriais que não se prendem a memórias e restaurações de coisas que aparentemente nunca existiram antes. Ainda que expondo este capítulo à censura de desproporção, é necessário dizer-se alguma coisa sobre os grandes movimentos que conduziram ao advento do fundador dos franciscanos. Poderá parecer que se descreva um mundo, ou, até, um universo, no intuito de se traçar o perfil de um homem. E será inevitável que a descrição do mundo ou do universo se faça por meio de determinadas generalizações desesperadas e de algumas frases abruptas. Mas, longe da sua significação, pela qual contemplamos pequenina figura debaixo de um céu tão vasto, será que temos de fazer a descrição do Céu antes de nos ser possível medir a estatura altaneira do indivíduo?

E esta frase me coloca na posição das sugestões preliminares, que parecem indispensáveis antes de um esboço, mesmo rudimentar, da vida de São Francisco. É necessário compreender, ainda que de maneira grosseira e elementar, a espécie de mundo no qual São Francisco ingressou, e qual terá sido a história desse mundo, pelo menos na extensão em que o afetou. Será preciso traçar, embora em poucas frases curtas, um como prefácio na forma de um esboço de História, se nos for lícito tomar emprestada a locução a Mr. Wells. No caso do próprio Mr. Wells, é evidente que o distinto novelista sofreu a mesma desvantagem, como se tivesse sido forçado a escrever uma novela cujo herói lhe inspirasse ódio. Escrever história e odiar Roma, tanto pagã como papal, corresponde praticamente a odiar quase tudo quanto aconteceu. Aproxima-se muito do ódio pela humanidade no terreno puramente humanitário. Desgostar-se tanto do padre como do soldado, tanto dos louros do guerreiro como dos lírios do santo, é sofrer uma separação da massa do gênero humano, que toda a sagacidade das inteligências modernas mais belas e mais flexíveis não poderá compensar.

Uma afinidade muito mais ampla requer-se para a fixação histórica de São Francisco, ele mesmo, ao mesmo tempo, soldado e santo. Encerrarei, portanto, o presente capítulo com algumas generalizações acerca do mundo que São Francisco encontrou. Os homens não chegam a acreditar, por isso que não se dispõem a ampliar a sua mentalidade.

Como questão de crença individual, eu haveria naturalmente de expressar isto dizendo que não são suficientemente católicos para serem católicos. Mas não vou aqui discutir as verdades doutrinárias do cristianismo, porém, singelamente tratar do extenso fato histórico do cristianismo, tal como ele poderia apresentar-se a uma pessoa realmente iluminada e imaginativa, muito embora não fosse cristã.

O que no momento pretendo dizer é que a maioria das dúvidas se constitui de detalhes. No decurso de leituras aleatórias um indivíduo encontra um costume pagão que se lhe afigura pitoresco, do mesmo modo que depara com alguma ação cristã que lhe parece cruel; entretanto, não cuida de ampliar a sua visão mental o bastante para perceber a verdade principal concernente ao costume pagão e à reação cristã contra ela. Enquanto não compreendermos, não necessariamente nos detalhes, mas no vulto e proporções intrínsecos, esse progresso pagão e essa reação cristã, não seremos na realidade capazes de compreender o ponto da história em que São Francisco surgiu, ou no que se inspirava a sua grande missão popular.

Ora, todos sabem, suponho, que os séculos XII e XIII foram um despertar do mundo. Foram um novo reflorescimento da cultura e das artes criadoras após um longo período de experiência muitíssimo mais severa e mesmo mais estéril, denominado a Idade das Trevas. Poderão ser chamados uma emancipação; certamente foram um fim, e fim do que poderá parecer uma época mais austera e mais desumana. Mas, que teria sido isso que teve o seu fim? De que é que os homens se teriam emancipado? Eis onde se verificam colisão e conflito entre as diferentes filosofias da história. Do ponto meramente externo e secular, foi dito com verdade que os homens acordaram de um sono; mas nesse sono houve sonhos de natureza mística e, por vezes, monstruosa. Na rotina racionalista em que descambaram, em sua maioria, os historiadores modernos, considera-se suficiente alegar que a emancipação se fez da mera superstição selvagem, avançando na direção do mero esclarecimento civilizado. Ora, este é o grande despropósito, que se planta como um trôpego justamente no início da nossa história. Quem quer que suponha que a Idade das Trevas foi completa escuridão e mais nada, e que o raiar do século XIII foi luz meridiana e mais nada, nunca poderá ter idéia da história humana de São Francisco de Assis. A verdade é que o júbilo de São Francisco e dos seus *jongleurs de Dieu* não era simplesmente um despertar. É algo que não se consegue entender sem a compreensão do credo místico que professavam. O fim da Era das Trevas não foi meramente o fim de um sono. E não foi, certamente, o mero fim de nenhuma escravidão supersticiosa. Foi o fim de qualquer coisa pertencente a uma ordem de idéias assaz definidas, porém assaz diversas.

Foi o fim de uma penitência, ou, se o preferirem, uma purgação. Marcou o momento em que certa expiação espiritual se tinha finalmente processado e certas enfermidades espirituais foram finalmente expulsas do sistema. Foram expulsas por uma era de ascetismo, que era a única coisa que as poderia expulsar. O cristianismo entrara no mundo para curar o mundo, e curou-o pela única forma por que este poderia ser curado.

Considerado simplesmente de maneira externa e experimental, toda a elevada civilização da antigüidade terminara na compreensão de certa lição, isto é, na sua conversão ao cristianismo. Mas essa lição foi um fato psicológico, tanto quanto uma fé teológica. A civilização pagã fora, na verdade, uma civilização muito elevada. Não nos enfraqueceria a tese, senão a revigoraria, dizermos que foi a mais elevada que a humanidade jamais atingiu. Descobrira as suas artes, ainda incomparáveis, da poesia e da representação plástica; descobrira os seus próprios ideais políticos permanentes; descobrira o seu próprio sistema claro de lógica e linguagem. Mas descobrira, acima de tudo, o seu próprio erro.

Esse erro era profundo demais para ser definido idealmente; a concepção breve dele seria denominá-lo o erro do culto à natureza. Poder-se-ia quase tão verdadeiramente denominá-lo o erro de ser natural; e foi um erro muito natural. Os gregos, os grandes guias e pioneiros da antigüidade pagã, partiram da idéia de qualquer coisa esplendidamente óbvia e direta, a idéia de que o homem, andando diretamente à frente na estrada real da razão e da natureza, não poderia chegar a mal algum, especialmente se fosse, como eram os gregos, eminentemente iluminados e inteligentes. Poderíamos nos permitir uma observação irreverente, dizendo que ao homem bastaria acompanhar o próprio nariz, contanto que fosse um nariz grego. E o caso dos próprios gregos é, por si só, suficiente para ilustrar a fatalidade estranha, porém certa, que acompanha esta falácia. Tão depressa os gregos, eles próprios, se puseram a seguir o seu nariz e sua noção de serem naturais, eis que lhes parece suceder a coisa mais curiosa da história. Era curiosa demais para ser assunto de fácil discussão. Pode-se observar que os nossos realistas mais repulsivos nunca nos propiciam a vantagem do seu realismo. Os seus estudos de matérias desagradáveis nunca tomam nota do testemunho que têm das verdades de uma moralidade tradicional. Mas se tivéssemos o gosto de semelhantes coisas, poderíamos citar milhares delas como parte do caso da moral cristã. E exemplo disto se encontra no fato de que nunca ninguém escreveu, neste sentido, uma verdadeira história moral dos gregos. Ninguém nunca viu a escala nem a estranheza da história. Os homens mais sábios do mundo pretendiam ser naturais, e a coisa mais desnatural do mundo foi a primeira coisa que fizeram. O efeito imediato da saudação ao sol e à sanidade solar da natureza foi uma perversão que se alastrou como epidemia. Os maiores filósofos, e até os mais puros, aparentemente não puderam salvar-se desta baixa espécie de loucura. Por quê? Pareceria coisa simplíssima ao povo cujos poetas conceberam Helena de Tróia e cujos escultores cinzelaram a Vênus de Milo, manter-se sadio nesse ponto. A verdade é que o povo que cultua a saúde não pode permanecer sadio. Quando o homem caminha reto, caminha torto. Quando segue o próprio nariz, ele só logra desarticulá-lo, quando não o corta a fim de despeitar o rosto; e isso de conformidade com algo muito mais profundo na natureza humana do que os adoradores da natureza poderão jamais compreender. Foi a descoberta dessa coisa mais profunda, humanamente falando, que constituiu a conversão ao cristianismo. Existe uma inclinação no homem como na trajetória dum projetil, e o cristianismo foi a descoberta do modo de corrigir a inclinação e acertar no alvo. Há muitos que se alegrarão ao ouvir, mas é profundamente verdadeiro dizer-se que as notícias alvissareiras trazidas pelo Evangelho foram as do pecado original.

Roma ergueu-se grandemente à custa dos seus mestres gregos porque não consentiu inteiramenteque lhes ensinassem essas habilidades. Ela possuía uma tradição doméstica muito mais decente, porém veio por fim a incidir na mesma falácia na sua tradição religiosa, o que foi necessariamente, e em grau não desprezável, a tradição pagã do culto à natureza. O mal de toda a civilização pagã era nada haver para a massa do povo em matéria de misticismo, exceto no que dizia respeito ao mistério das forças inomináveis da natureza como, por exemplo, o sexo, o crescimento e a morte. Também no lmpério Romano, muito antes do fim, encontramos o culto à natureza produzindo inevitavelmente coisas contra a natureza. Casos como o de Nero passaram a ser proverbiais, quando o sadismo se sentava num trono ostensivo à plena luz do dia. Mas a verdade a que me refiro é algo muito mais sutil e universal do que um catálogo convencional de atrocidades. O que estava acontecendo com a imaginação humana, tomada globalmente, era que o mundo inteiro se coloria de paixões perigosas e rapidamente deteriorantes, paixões naturais que se faziam desnaturais. Deste modo, o efeito de considerar-se o sexo como apenas uma coisa natural e inocente foi que todas as outras coisas naturais e inocentes se tornaram impregnadas e temperadas com o sexo. Pois não se pode admitir o sexo num termo de mera igualdade com as emoções e experiências elementares como comer e dormir. No momento em que o sexo deixa de ser escravo, torna-se tirano. Há qualquer coisa perigosa e desproporcionada no lugar que ocupa na natureza humana, seja qual for a razão; e realmente carece de purificação especial e dedicação. As afirmações modernas sobre o sexo ser livre como qualquer outro sentido, sobre o corpo ser belo como qualquer árvore ou flor, são ou uma descrição do Jardim do Éden ou uma teoria de péssima psicologia de que o mundo se fatigou dois mil anos atrás.

Não se deve confundir isto com o mero sensacionalismo de legitimidade intrínseca no tocante à perversão do mundo pagão. Não foi tanto porque o mundo pagão estivesse pervertido como porque estivesse suficientemente são para perceber que o seu paganismo se estava tornando perverso, ou, então, logicamente, na estrada ampla da perversão. Quero dizer que não havia futuro para a "magia natural"; aprofundá-la seria transformá-la em magia negra. Não havia futuro para ela porque, no passado, fora inocente pela simples razão de ser jovem. Poderíamos dizer que só fora inocente porque fora superficial. Os pagãos foram mais sábios que o paganismo, e foi por isso que se fizeram cristãos. Milhares deles tinham para suportá-los virtudes de filosofia e família, além da honra militar; mas por esse tempo a coisa puramente popular chamada religião ia certamente arrastando-os para baixo. Quando se permite esta reação contra o mal, é lícito repetir-se que era um mal o que se observava por toda parte. Noutro sentido mais literal, o nome era Pã.

Não era metáfora dizer-se que aquele povo necessitava de novo céu e de nova terra; pois ele havia corrompido a sua própria terra e até o seu próprio céu. Como poderiam os homens encontrar solução para os seus casos quando, olhando para o céu, viam lendas eróticas gravadas em estrelas na sua amplidão? E como poderiam aprender o que fosse do amor das aves e das flores, depois de ouvir as espécies de histórias que lhes contavam a esse respeito? É impossível multiplicar aqui as evidências, e um só exemplo poderá valer para o resto. Sabemos que gênero de associações sentimentais nos evoca a frase "um jardim", e como pensamos principalmente na memória de romances de melancolia e inocência, ou tão freqüentemente em alguma jovem graciosa ou num velho pároco junto a uma sebe de teixo, talvez à vista de um campanário de aldeia. E então, quem conhece um pouco a poesia latina, relembra subitamente o que teria uma vez ficado em lugar do quadrante solar ou da fonte, obsceno e monstruoso ao Sol; e de que tipo era o deus dos seus jardins.

Nada poderia purificar essa obsessão a não ser uma religião que fosse literalmente extraterrena. Não adiantava nada dizer-se a semelhante povo que tivesse uma religião natural cheia de estrelas e de flores, pois não havia flor ou estrela que não estivesse maculada. Os homens tinham de procurar no deserto, onde não encontrariam flor, ou mesmo na caverna, onde não poderiam ver estrelas. Nesse deserto e nessa caverna, o mais elevado intelecto humano se exilou durante quatro séculos, e foi o curso mais sábio que tinha a seguir. Nada se oferecia para a sua salvação a não ser o puro sobrenatural, e se Deus não o pudesse salvar, certamente os deuses seriam incapazes. A Igreja Primitiva chamava demônios aos deuses do paganismo e a Igreja Primitiva tinha toda razão. Fosse o que fosse que a religião natural tivesse tido com a sua origem, nada senão demônios era o que então habitava os santuários. Pã não era outra coisa senão pânico. Vênus não era nada senão o vício venéreo. Não pretendo por um instante dizer, naturalmente, que todos os pagãos individuais participassem deste caráter, mesmo até o fim; mas era como indivíduos que difeririam dele. Nada distingue o paganismo do cristianismo tão claramente como o fato de que a coisa individual chamada filosofia nada ou pouco tinha que ver com a coisa social chamada religião. De qualquer forma, pouco valia pregar-se a religião natural a um povo para o qual a natureza se tinha tornado tão desnatural como qualquer religião. Sabiam muito melhor do que nós o mal que os acometia e a espécie de demônio que há um tempo ostentavam e atormentavam, tanto assim que escreveram ao longo desse grande espaço da história o texto: "Esta espécie de demônio, só se pode expulsar à força de oração e de jejum."

Ora, a importância histórica de São Francisco e da transição do século XII ao século XIII, encontra-se em terem assinalado o fim dessa expiação. Os homens do final da Idade das Trevas podem ter sido rudes, iletrados e ignorantes em tudo, exceto nas guerras com as tribos pagãs, e mais bárbaros do que estas, porém eram homens limpos. Eram como crianças: os primórdios das suas artes rudes tiveram todos o prazer limpo das crianças. Temos de concebê-los na Europa como um todo que vivia debaixo de pequenos governos locais, feudais, nisso que eram uma sobrevivência das guerras ferozes com os bárbaros, freqüentemente monástico se portadores de um caráter mais amistoso e paternal, todavia ainda vagamente imperiais, enquanto Roma ainda dominava como uma grande lenda. Mas na Itália tinha sobrevivido algo mais típico do espírito mais refinado da antigüidade, a República. A Itália estava pontilhada de pequenos estados, de ideais grandemente democráticos e amiúde repletos de verdadeiros cidadãos. Mas a cidade já não se achava mais aberta como durante a paz romana, e sim encerrada em altas muralhas para a defesa da guerra feudal; e todos os cidadãos tinham de ser soldados. Uma destas se localizava numa posição íngreme e notável no seio das colinas arborizadas da Úmbria, e o nome era Assis. Do seu portão, sob as torres elevadas, devia sair a mensagem que era o evangelho do momento: "Suas guerras estão realizadas, sua iniqüidade está perdoada." Mas estava fora de todas essas coisas fragmentárias do feudalismo, liberdade e remanescentes do Direito Romano que estava destinada a erguer, no começo do século XIII, vasta e quase universal, a poderosa civilização da Idade Média.

É exagero atribuir isso inteiramente à inspiração de um indivíduo único, muito embora o gênio mais original do século XIII. Sua ética elementar de fraternidade e lealdade nunca estivera inteiramente extinta, e a cristandade nunca tinha sido menos que cristã. Os grandes truísmos sobre a justiça e a piedade podem ser encontrados nos mais rudes registros monásticos da transição bárbara ou nas máximas mais rijas do declínio bizantino. E cedo, nos séculos XI e XII, tinha claramente começado um maior movimento moral. Mas o que se pode francamente dizer disto é que, em todos os movimentos primitivos, ainda havia qualquer coisa da antiga austeridade proveniente do longo período penitencial. Era o romper da aurora, todavia uma aurora ainda obscura. Isto se poderá ilustrar coma simples menção de duas ou três dessas reformas antes da reforma franciscana. A própria instituição monástica, decerto, era muito mais antiga do que todas estas coisas; era, como efeito, indubitavelmente quase tão antiga como o cristianismo. Os seus conselhos de perfeição sempre assumiram a forma de votos de castidade, pobreza e obediência. Com estes objetivos extramundanos tinha desde muito civilizado grande parte do mundo. Os monges haviam ensinado o povo a lavrar a terra e semear, bem como a ler e a escrever; ensinaram, de fato, ao povo quase tudo que este sabia. Entretanto, pode-se dizer com verdade que os monges eram severamente práticos, no sentido de que eram não somente práticos mas severos, embora geralmente fossem severos para consigo mesmos e práticos para com os outros. Todo este movimento monástico primitivo se tinha, desde muito, assentado e, sem dúvida, amiúde deteriorado; porém, quando chegamos aos primeiros movimentos medievais, encontramos ainda aparente esse caráter austero. Três exemplos poderão ser tomados como ilustração deste ponto.

Primeiro, o antigo molde social da escravidão já começava a fundir-se. Não somente o escravo se ia tornando um servo praticamente livre quanto à sua própria fazenda e vida familiar, mas também muitos senhores estavam dando liberdade globalmente a escravos e servos. Isto se fizera sob a pressão dos sacerdotes, porém mais especialmente pelo espírito de penitência. Em certo sentido, naturalmente, toda sociedade católica deve cercar-se de uma atmosfera de penitência, mas aludo a esse espírito de algum modo mais austero que expiara os excessos do paganismo. Havia em torno de tais restituições o ambiente do leito de morte, visto como muitos deles eram, sem dúvida, exemplos de arrependimento na cabeceira de morte. Um ateu muito honesto com quem discuti certa vez, fez uso da expressão: "Os homens só ficaram na escravidão por medo do inferno." Como lhe fiz ver, se ele tivesse dito que os homens somente se libertaram por medo do inferno, teria, pelo menos, aludido a um fato histórico indiscutível.

Outro exemplo foi a reforma arrasadora da disciplina eclesiástica, feita pelo papa Gregório VII. Foi realmente uma reforma empreendida pelos mais elevados motivos, e que produziu os mais sadios resultados; conduziu a um inquérito contra a simonia ou corrupções financeiras do clero; insistiu sobre um ideal mais sério e de mais sacrifício individual para um sacerdote paroquiano. Mas a própria circunstância de haver isto assumido grandemente a forma da obrigatoriedade universal do celibato, fere a nota de algo que, por muito nobre que seja, pareceria vagamente negativo a muitos. O terceiro exemplo é, num sentido, o mais forte de todos. Pois o terceiro exemplo foi a guerra; guerra heróica e, para muitos de nós, guerra santa; possuindo, entretanto, todas as terríveis responsabilidades da guerra. Não há espaço aqui para se dizer tudo que se deveria sobre a verdadeira natureza das Cruzadas. Todos sabem que justamente na hora mais tenebrosa da Idade das Trevas tinha surgido na Arábia uma espécie de heresia que se transformara numa nova religião de certo caráter militar, mas nômade, invocando o nome de Maomé. Esse caráter era intrinsecamente o mesmo verificado em muitas heresias desde os muçulmanos até os monistas. Parecera aos hereges uma simplificação sensata da religião, enquanto que aos católicos parece uma simplificação insensata, pois que reduz tudo a uma única idéia e, assim, perde a amplitude e o equilíbrio do catolicismo. Fosse como fosse, o seu caráter objetivo era o de um perigo militar para a cristandade, e a cristandade ferira-lhe em cheio o coração, na procura de reconquistar os Lugares Santos. O grande duque Godofredo e os primeiros cristãos que tomaram Jerusalém de assalto foram heróis, se alguma vez houve heróis no mundo; todavia foram heróis de uma tragédia.

Ora, se fiz menção destes três exemplos dos movimentos medievais primitivos, foi no intuito de assinalar neles uma característica geral, que se relaciona com a penitência que se seguiu ao paganismo. Existe, em todos esses movimentos, algo impulsivo, ainda que em campo aberto, como um vento que soprasse entre fendas de montanhas. Esse vento, austero e puro, do qual fala o poeta, é na realidade o espírito da época, pois é o vento de um mundo que finalmente fora purificado. A qualquer pessoa capaz de apreciar atmosferas, existe alguma coisa clara e limpa na atmosfera dessa sociedade grosseira, por vezes áspera. Até a própria concupiscência é limpa, pois já não tem cheiro de perversão. As próprias crueldades são limpas, pois não são as crueldades voluptuosas do anfiteatro. Procedem ou de um horror muito simples da blasfêmia ou de uma fúria muito simples em face do insulto. Gradualmente, contra este fundo sombrio, a beleza começa a surgir como qualquer coisa realmente fresca, delicada e, acima de tudo, surpreendente. O amor correspondido já não era mais o que uma vez fora chamado platônico, mas o que ainda se denomina amor cavalheiresco. As flores e as estrelas recuperaram a sua inocência primitiva. O fogo e a água sentem-se dignos de ser o irmão e a irmã de um santo. A purgação do paganismo é completa finalmente.

Pois a água foi, ela mesma, lavada. O fogo foi, ele mesmo, purificado como pelo fogo. A água já não é mais aquela água em que lançavam os escravos para servirem de alimento aos peixes. O fogo já não é mais aquele pelo qual se despachavam as crianças a Moloc. As flores já não recendem o aroma das grinaldas colhidas no jardim de Priapo, e as estrelas já não são mais símbolos da frieza de deuses gelados como esses fogos gelados. São todas como criações novas à espera de nomes novos, dados por alguém que haveria de vir batizá-las. Nem o universo nem a terra têm mais o antigo significado desastroso do mundo. Esperam nova reconciliação com os homens, porém já são capazes de serem reconciliados. O homem despojou de sua alma o derradeiro farrapo da adoração à natureza, e pode retornar a ela.

Enquanto ainda se fazia crepúsculo, aparecera, silenciosa e subitamente, uma figura postada em uma pequena colina culminando a cidade, numa silhueta escura contra a escuridão esmaecente; pois era o fim de uma noite demorada e austera, noite de vigília, à qual não faltara a visita das estrelas. Ela se plantava de mãos erguidas, como se vê em muitas estátuas e quadros, tendo ao seu redor um bando de aves melodiosas e, atrás de si, a aurora que rompia.

CAPÍTULO III

Francisco, o guerreiro

DE ACORDO COM UMA LENDA, que, se não for verídica, não será menos simbólica, o próprio nome de São Francisco foi mais um apelido do que um nome. Haveria qualquer coisa relacionada ao seu instinto familiar e popular na noção de que fora apelidado exatamente como o seria um estudante comum numa escola. Conforme esta versão, o seu nome não era absolutamente Francisco, mas João, os seus companheiros o chamando "Francesco" ou "o Francesinho", por causa da paixão que revelava pela poesia francesa dos Trovadores.

A história mais provável é que a mãe o batizara com o nome de João quando nasceu, na ausência do pai, mas este, voltando de recente visita à França, onde lograra tanto êxito comercial e se enchera de entusiasmo pelo gosto francês e costumes sociais, deu ao filho o novo nome que significava franco ou francês. Em todo caso o nome tem certa significação, ligando Francisco, desde o princípio, com o que ele considerava pessoalmente o romântico país das fadas celebrado pelos Trovadores.

O pai chamava-se Pietro Bernardone, e era cidadão influente no grêmio de comerciantes de tecidos na cidade de Assis. É difícil descrever-se a posição de semelhante indivíduo sem apreciar-se a situação de tal grêmio e até de uma cidade como aquela. Não correspondia exatamente ao que hoje em dia se entende por comerciante, homem de negócios, negociante, ou o que quer que exista sob a condição do capitalismo. Bernardone poderá ter empregado pessoas, mas não era empregador, isto é, não pertencia a uma classe de empregadores, distinta da classe dos empregados. O indivíduo que sabemos ter ele empregado, foi o seu filho Francisco que, tem-se a tentação de adivinhar, seria a última pessoa que um homem de comércio se disporia a empregar, caso conviesse empregar qualquer pessoa. Era rico, tanto quanto poderia sê-lo um camponês pelo trabalho da própria família; porém ele evidentemente esperava que a sua família trabalhasse de modo quase tão simples como a de um camponês. Era cidadão preeminente, mas parte de uma ordem social que existia para impedi-lo de exceder-se na preeminência de cidadão. Ela mantinha todas as pessoas semelhantes no seu próprio nível singelo, e não havia prosperidade que eximisse do serviço árduo, como hodiernamente se observa em rapazes que parecem lordes, fidalgos ou qualquer coisa menos filhos de um comerciante de tecidos. Esta é uma regra que se prova até na exceção. Francisco era desses indivíduos que são populares com todos em qualquer caso, e sua impulsividade sem malícia como Trovador e mentor da moda francesa fazia dele uma espécie de caudilho romântico entre os jovens da cidade. Desperdiçava dinheiro em extravagâncias e benevolências, de um modo nato numa pessoa que nunca na vida compreendera exatamente o que era o dinheiro. Isto enchia o coração materno de um misto de satisfação e exasperação, ao ponto dela dizer, como diria qualquer esposa de negociante: "Ele é mais um príncipe do que nosso filho." Porém, uma das primeiras notícias que temos dele no-lo mostra simplesmente a vender peças de tecido numa barraca do mercado, coisa que a mãe poderia, ou não, ter acreditado ser hábito dos príncipes. Este primeiro vislumbre do rapaz no mercado é simbólico em mais de um aspecto. Ocorreu certo incidente que, talvez, seja o sumário mais curto e incisivo de quanta coisa curiosa lhe formava parte do caráter, e muito antes de ser transfigurado pela fé transcendental. Enquanto procedia à venda de veludos e finos bordados a algum comerciante sólido da cidade, aproximara-se um mendigo a esmolar; isto evidentemente de maneira desatinada. Tratava-se de uma sociedade simples e rude, onde não havia leis que punissem um faminto por expressar a sua necessidade de alimento, como as que se criaram em era mais humanitária; e a falta de toda polícia organizada permitia que tais miseráveis assediassem, sem grande perigo, as pessoas abastadas. Mas havia, creio, em muitas localidades, um costume associativo que proibia a estranhos interromper uma boa transação e pode ser que algum fator dessa natureza tivesse colocado o mendicante em infração maior do que normal. Francisco teve por toda a sua vida grande estima pelas pessoas lançadas irremediavelmente em dano. Nessa ocasião ele pareceu lidar com o encontro com a mente um tanto dividida; certamente o fez com distração e, possivelmente, com irritação. Talvez estivesse ainda mais inquieto por causa do teor quase fastidioso das atitudes que o acometiam muito naturalmente. Todos concordam que a polidez emanava da sua pessoa desde o início, como uma das fontes públicas numa praça de mercado italiana tão cheia de sol. Ele poderia ter escrito entre os seus próprios poemas, como seu próprio lema, o verso do poema do Sr. Belloc:

> "A Cortesia é muito menos
> do que a coragem ou santidade,
> Embora nos meus passeios me parece
> que a graça de Deus está na Cortesia"[7]

Ninguém nunca suspeitou que Francisco Bernardone tivesse coragem de coração, ainda que da feição mais ordinária, varonil ou militar; e devia chegar o tempo em que pouca dúvida haveria sobre a santidade e a graça de Deus. Acredito, porém, que, se alguma coisa houvesse na qual fosse ele escrupuloso, era a escrupulosidade. Se alguma coisa houvesse de que se pudesse dizer orgulhoso um homem tão humilde, ele era orgulhoso das suas boas maneiras. Somente atrás da sua

---

[7] "Of Courtesy, it is much less
Than. courage of heart or holiness,
Yet in my walks it seems to me
That the grace of God is in Courtesy"

cortesia perfeitamente natural estavam possibilidades mais amplas e, até, mais selvagens, das quais temos o primeiro lampejo nesse incidente trivial. Ora, Francisco viu-se evidentemente dividido pela importunação de dois interlocutores, não obstante encontrou uma maneira de resolver o seu assunto com o comerciante; e, quando se voltou para o mendigo, verificou que ele havia desaparecido. Francisco saltou de dentro da barraca, deixando abandonadas as peças de veludo e bordados, e voou através da praça do mercado como uma flecha despedida de um arco. Ainda a correr, pisou o labirinto de ruelas estreitas e sinuosas da pequena cidade, procurando o mendigo que, por fim, encontrando-o, encheu-o de dinheiro, para enorme surpresa deste. Em seguida, aprumou o corpo, por assim dizer, e jurou perante Deus que nunca haveria, em toda a sua vida, de recusar auxílio a um pobre. A simplicidade impulsiva dessa decisão é extremamente característica. Nunca houve homem tão pouco atemorizado com as próprias promessas. Sua vida foi uma convulsão de votos arrojados, e votos arrojados que se cumpriram.

Os primeiros biógrafos de Francisco, naturalmente animados com a grande revolução religiosa operada por ele, olharam igualmente com naturalidade os seus primeiros anos com augúrios e sinais de um terremoto espiritual. Mas, escrevendo mais distanciado no tempo, não diminuiremos aquele efeito dramático, senão o aumentaremos, se considerarmos que na época não se notava no jovem nada de particularmente místico. Ele nada tinha daquele senso primitivo da sua vocação, que tem sido o apanágio de alguns santos. A sua ambição de fama como poeta francês teria muitas vezes cedido a primazia ao seu desejo de adquirir fama como soldado. Ele nascera bom; foi capaz da bravura normal infantil; contudo, demarcara a linha da bondade e bravura muito próximo de onde a maioria dos meninos a teria demarcado; por exemplo, ele sentia o horror humano da lepra, da qual poucos indivíduos normais sentiram necessidade de envergonhar-se. Tinha amor ao aparato vistoso e brilhante, inerente ao sabor heráldico dos tempos medievais, e parece ter sido inteiramente uma figura festiva.

Se não pintou de vermelho a cidade, teria provavelmente desejado pintá-la de todas as cores do arco-íris, como num quadro medieval. Existem, porém, na história do jovem trajado vistosamente que corria ao encalço do mendigo maltrapilho, certas notas de sua individualidade natural que se devem levar em conta desde o começo até o fim.

Por exemplo, existe o espírito da presteza. Em certo sentido, ele continuou a correr atrás do mendigo todo o resto da vida. Por isso que quase todas as corridas foram corridas de misericórdia; apareceu pintado no seu retrato um mero elemento de brandura que foi verdadeiro no mais rigoroso sentido, porém é facilmente mal interpretado. Certa precipitação foi o verdadeiro repouso da sua alma. Este santo deveria ser representado entre os outros santos como, às vezes, se representam anjos emquadros de anjos; com pés voadores ou mesmo asas; no espírito do texto que faz dos anjos ventos e dos mensageiros um fogo chamejante. É uma curiosidade da linguagem que a coragem é, com efeito, sinônimo de corrida; e alguns dos nossos céticos haverão, sem dúvida, de demonstrar que coragem realmente significa fuga. Mas sua coragem era correr, no sentido de precipitar-se. A despeito de toda a sua delicadeza, havia originariamente algo de impaciência na sua impetuosidade. A verdade psicológica disto ilustra muito bem a confusão moderna a respeito do termo "prático". Se denominamos prático aquilo que é imediatamente praticável, não fazemos mais do que significar aquilo que é mais fácil. Nesse sentido, São Francisco não foi absolutamente prático, e os seus objetivos últimos foram assaz imateriais. Mas, se dissermos que ser prático consiste em se dar preferência à presteza de ação e energia no que concerne a dúvida ou delonga, então ele foi eminentemente prático. Alguns poderiam considerá-lo louco, porém, foi precisamente o reverso de um sonhador. Não haveria probabilidade de o chamarem homem de negócios, todavia foi enfaticamente um homem de ação. Em algumas das suas experiências primitivas ele foi, quiçá demasiadamente, um homem de ação, pois agia cedo demais e era prático demais para ser prudente. Mas a cada passo da sua extraordinária carreira o veremos atirando-se em curvas da maneira mais inesperada, como quando se lançou pelas ruas sinuosas atrás do mendigo.

Outro elemento implicado na história, e que já era parcialmente um instinto natural, antes de tornar-se um ideal sobrenatural, foi algo que talvez nunca se perdera de todo nas pequenas repúblicas da Itália medieval. Era qualquer coisa muito enigmática a certas pessoas, geralmente mais clara aos sulistas do que aos nortistas, e, creio, aos católicos mais do que aos protestantes: a suposição bastante natural da igualdade entre os homens. Nada tem necessariamente a ver com o amor franciscano aos homens; ao contrário, uma das suas provas meramente práticas é a igualdade do duelo. Talvez um homem gentil nunca será cabalmente igualitário enquanto não puder realmente contrapor-se a seu servo. Mas foi uma condição antecedente da irmandade franciscana, e sentimo-la nesse incidente primitivo e secular. Francisco, parece-me, sentira uma verdadeira dúvida sobre o que lhe cumpriria atender, o mendicante e o negociante e, tendo atendido ao negociante, voltou-se para atender ao mendigo; pensara neles considerando-os como dois homens. Isto é coisa muito mais difícil de descrever, numa sociedade da qual está ausente, não obstante foi a base original de todo o ocorrido; foi por isso que o movimento popular se levantou naquela espécie de localidade e naquela espécie de homem. Sua magnanimidade imaginativa se elevou subseqüentemente como uma torre a alturas estelares, que bem poderiam parecer vertiginosas e até insanas; todavia se esteou no planalto da igualdade humana.

Tomei esta lenda da juventude de São Francisco, a primeira dentre uma centena, e demorei-me um pouco na questão da significação, porque, até termos aprendido a procurar a significação, freqüentemente haverá pouca coisa além de uma espécie de sentimento leve quando se narra a história. São Francisco não é pessoa conveniente para ser patrocinada com histórias meramente "bonitas". Estas são muito numerosas, mas muito amiúde usadas como um tipo de sedimento sentimental do mundo medieval, ao invés de ser, como enfaticamente é o santo, um desafio ao mundo moderno. Devemos tomar um tanto mais seriamente o seu verdadeiro desenvolvimento humano; e a história seguinte em que obtemos evidência dele é em posição assaz diferente. Contudo, abre, precisamente do mesmo modo, como que por acidente, certos abismos da mente e, talvez, da mente subconsciente. Francisco assemelha-se ainda, mais ou menos, a um jovem comum, e, somente quando o encaramos como a um jovem comum, é que compreendemos que jovem fora do comum ele deve ser.

A guerra tinha estalado entre Assis e Perúsia. É atualmente moda dizer-se, com espírito satírico, que essas guerras não se declaravam, mas se processavam indefinidamente entre os estados-cidades da Itália medieval. Bastará dizer aqui que, se uma dessas guerras medievais tivesse realmente continuado sem cessar pelo espaço de um século, poderia possivelmente equivaler ao morticínio nosso durante um ano, numa das nossas grandes guerras científicas modernas entre os nossos grandes impérios industriais da atualidade. Porém os cidadãos da república medieval estavam, por certo, restritos ao limite de apenas serem convocados a morrer pelas coisas com as quais sempre viveram, pelas casas que habitavam, os templos que veneravam e pelos governadores e representantes que conheciam; mas não tinham a visão mais ampla chamando-os à morte pelos últimos boatos concernentes a colônias longínquas, conforme publicam os jornais anônimos. E, se inferirmos da nossa experiência própria que a guerra paralisou a civilização, teremos, ao menos, de admitir que essas cidades belicosas produziram numerosos paralíticos que se chamaram Dante e Miguel Ângelo, Ariosto e Ticiano, Leonardo e Colombo, para não mencionar Catarina de Sena, e o objeto da presente história. Enquanto lamentamos todo este patriotismo local como arruaça da Idade das Trevas, deverá parecer-nos fato um tanto curioso que três quartos dos maiores homens que jamais a viveram tenham procedido dessas pequenas cidades e, por vezes, pelejado nessas pequenas guerras. Resta ver o que, ulteriormente, sairá das nossas grandes cidades; mas não tem havido nenhum sinal de nada semelhante desde que se tornaram grandes, e às vezes tenho sido assaltado por uma imaginação da minha mocidade, segundo aqual essas coisas não acontecerão enquanto não houver uma muralha ao redor de Clapham e os sinos não tocarem a rebate à noite, para se armarem os cidadãos de Wimbledon.

De qualquer forma, o sino a rebate soara em Assis e os cidadãos se armaram, entre os quais Francisco, o filho do negociante de fazendas. Partiu para combater uma companhia de lanceiros, e num combate, numa incursão ou outra, ele e o seu bando caíram prisioneiros. A mim me parece mais provável ter havido alguma história de traição ou covardia em torno do desastre, pois nos informam que existia um cativo com o qual os companheiros se recusavam abertamente a ter qualquer contato, mesmo na prisão; e quando isto sucede em tais circunstâncias, geralmente é porque a culpa militar da rendição recai sobre algum indivíduo. Seja como for, alguém notara certa coisa, pequenina mas curiosa, se bem que mais parecesse negativa do que positiva. Francisco, dizem-nos, passeava entre os companheiros cativos com a sua cortesia característica e até jovialidade, "liberal e hilariante", como alguém se expressou a seu respeito, decidido que estava a manter erguido o ânimo deles, tanto quanto o seu próprio. E quando chegou a vez do misterioso proscrito, indigitado traidor ou covarde, ou o que quer que fosse, ele simplesmente o tratou exatamente como a todo o resto, nem com frieza ou compaixão, mas com a mesma jovialidade leal e boa camaradagem. Mas, se nessa prisão tivesse estado presente alguém dotado de uma espécie de segunda vista para a verdade e a tendência das coisas espirituais, teria sabido achar-se na presença de qualquer coisa nova e, a toda aparência, quase anárquica; uma onda de maré arrastando a profundidades insondadas num oceano de caridade. Pois, neste sentido, faltava efetivamente a Francisco de Assis qualquer coisa à qual estava cego para que pudesse ver coisas melhores e mais belas. Todos aqueles limites da boa camaradagem e da boa forma, todos aqueles marcos da vida social que separam o tolerável do intolerável, todos aqueles escrúpulos sociais e condições convencionais que são normais e até nobres nos homens comuns, todas aquelas coisas que mantêm unidas muitas sociedades decentes, nunca teriam conseguido absolutamente conter este homem. Ele gostava como gostava; parece ter gostado de todos, especialmente daqueles que todos o desaprovavam por gostar. Qualquer coisa muito vasta e universal já estava presente naquele calabouço estreito, e o vidente referido teria visto ali, na escuridão, a auréola rubra do *caritas caritatum* que destaca um santo entre os santos, da mesma forma como entre os homens. Teria podido ouvir o primeiro murmúrio daquela bênção selvagem que tomou mais tarde a forma de uma blasfêmia: "Ele dá ouvidos a quem o próprio Deus não daria."

Mas, embora semelhante vidente pudesse ter visto tal verdade, é excessivamente duvidoso se o próprio Francisco a tivesse notado. Ele agira movido por uma generosidade inconsciente, ou no vocábulo generoso medieval, de dentro de si mesmo, alguma coisa que quase pudera ter sido ilegal, caso não se estendesse buscando alcançar uma lei mais divina; mas é duvidoso se ele então soubesse que a lei era divina. É evidente que nessa ocasião não nutria idéia alguma de abandonar a vida militar e muito menos de abraçar a vida monástica. É exato não haver, como imaginam os pacifistas e os tolos, a menor inconsistência entre amar os homens e ao mesmo tempo guerreá-los, se a guerra se faz com lealdade e por uma causa boa. Mas, parece-me que havia envolvido muito mais que isso; que, em todo caso, a mente do jovem se achava realmente correndo em direção a uma moralidade militar. Por volta dessa ocasião, atravessou-lhe o caminho a primeira calamidade, na forma de uma enfermidade que devia visitá-lo novamente muitas vezes e tolher-lhe os passos na sua carreira impetuosa. A enfermidade tornou-o mais sério; porém, se julga que o teria apenas tornado um soldado mais sério ou, mesmo, pessoa mais séria no tocante à profissão do soldado. E, enquanto convalescia, qualquer coisa maior do que os pequenos feudos e incursões às cidades italianas abrira um caminho de aventura e ambição. A coroa da Sicília, considerável centro de controvérsia de então, estava aparentemente sendo reclamada por um tal Gauthier de Brienne, e a causa papal, a cujo auxílio Gauthier fora chamado, acendera o entusiasmo em muitos jovens de Assis, inclusive Francisco, que se propôs marchar em Apúlia por conta do conde; talvez o seu nome francês tivesse alguma relação com isso. Pois é preciso não esquecer que, embora em certo sentido, o mundo fosse um mundo de pequeninas coisas, era, não obstante, um mundo de pequeninas coisas empenhado em grandes coisas. Havia mais internacionalismo nos territórios pontilhados de pequeninas repúblicas do que há hoje nas enormes divisões nacionais homogêneas e impenetráveis. A autoridade legal dos magistrados de Assis mal poderia atingir mais longe do que um tiro de flecha, partido do alto das ameias da muralha da cidade. Porém, sua simpatia poderia estender-se aos normandos através da Sicília, ao palácio dos Trovadores em Toulouse, ao imperador entronado nas florestas germânicas ou ao grande papa que expirava no exílio de Salerno. Acima de tudo, cumpre lembrar que, quando os interesses de uma época são principalmente religiosos, devem ser de caráter universal. Nada pode ser mais universal do que o universo. E há várias circunstâncias relativamente à posição religiosa, nesse momento particular, que os modernos, não sem razão, deixam de compreender. Entre outras, os modernos pensam, naturalmente, que gente tão remota fosse gente antiga e até gente primitiva. Sentimos vagamente que tais acontecimentos terão ocorrido nas primeiras fases da Igreja. Entretanto, a Igreja já contava muito mais de mil anos, isto é, era então algo mais antiga do que a França atual, e muito mais do que a Inglaterra de hoje. E ela parecera velha então; quase tão velha como parece agora, possivelmente mais velha. A Igreja parecia-se como grande Carlos Magno com as longas barbas brancas que, depois de ter travado cem batalhas com os heréticos, fora, conforme a lenda, solicitado pelo anjo a partir ainda uma vez e lutar, embora tivesse duzentos anos de idade. A Igreja tinha culminado no seu primeiro milênio e dobrava a curva do segundo; havia atravessado a Idade Média, durante a qual nada se podia fazer senão lutar desesperadamente com os bárbaros, e a obstinada repetição do credo. O credo ainda estava sendo repetido após a vitória ou a evasão; mas não é desnatural supor-se que não houvesse alguma monotonia na repetição. A Igreja parecia antiga como agora; e havia então, como há, quem a cresse moribunda. Na verdade a ortodoxia não estava morta, mas pode ter parecido inerte; é certo que alguns começaram a crê-la inerte. Os Trovadores do movimento provençal tinham já começado a voltar-se para as fantasias orientais e o paradoxo do pessimismo, que sempre assumem aos europeus caráter de novidade, quando a sanidade destes parece tornar-se um tanto cediça. É bastante provável que, ao cabo de tantos séculos de guerra desesperançada por fora e de impiedoso ascetismo por dentro, a ortodoxia oficial parecesse um tanto estagnada. O frescor e a liberdade dos primeiros cristãos pareceram então, como ainda agora, uma época áurea perdida e quase pré-histórica. Roma continuava a ser mais racional do que tudo o mais: a Igreja estava realmente mais sábia, contudo, bem pudera ter parecido mais extenuada do que o mundo. Talvez houvesse mais aventura e encanto na metafísica louca que atravessara o continente, vinda da Ásia. Os sonhos acumulavam-se como nuvens negras na Região do Midi para irromper numa trovoada de anátema e guerra civil. Apenas a luz jazia na grande planície ao redor de Roma; mas a luz estava descorada e a planície era lisa, além disso não havia nenhuma aragem no ar parado e no silêncio imemorial da cidade sagrada.

Alto, na casa escura de Assis, Francisco Bernardone dormia e sonhava com as armas. Chegou-lhe, nas trevas, uma visão esplêndida de espadas, modeladas em cruz à feição de cruzada, de lanças, escudos e capacetes pendurados num arsenal e todos levando o sagrado emblema. Quando despertou, recebeu o sonho como um toque de trombeta chamando-o ao campo de batalha, e partiu precipitadamente a fim de montar e armar-se. Tomava deleite em todos os exercícios de cavalaria, e evidentemente se fez perfeito cavaleiro e lutador, nos exercícios de torneio e acampamento. Ele teria, sem dúvida, preferido a qualquer tempo uma cavalaria de alguma sorte cristã, porém, parece claro que também se encontrava num modo sedento de glória, embora nele essa glória sempre houvesse de ser idêntica à honra. A ele não faltava certa visão da coroa de louros que César deixara para todos os latinos. Quando partiu para a guerra, o portão da grossa muralha de Assis ressoou com a sua derradeira jactância: "Hei de voltar um grande príncipe."

Pouco adiante no seu caminho, a enfermidade acometeu-o novamente, prostrando-o. Considerando-se a impetuosidade do seu temperamento, é altamente provável que ele tivesse partido muitíssimo antes de se achar em boas condições de convalescença. E na escuridade dessa segunda interrupção, mais desolada que a primeira, ele parece ter tido novo sonho, durante o qual uma voz lhe falou: "Interpretou mal o significado da visão. Volte à sua cidade." E Francisco retomou o caminho de Assis, doente, uma figura lívida, desapontada, talvez até escarnecida, nada tendo a fazer senão esperar pelo que viesse em seguida a suceder. Foi a sua primeira descida numa ravina escura, que se chama o vale da humilhação, que lhe parecera assaz pedregoso e desolado, mas no qual deveria, mais tarde, encontrar flores em profusão.

Mas não ficou apenas desapontado e humilhado; ficara também muito surpreendido e confundido. Ainda acreditava firmemente que os dois sonhos deviam ter significado alguma coisa. Porém, não era capaz de atinar com o que pudesse ser. Foi quando vagueava, pode-se mesmo dizer, delirava pelas ruas de Assis e pelos campos fora das muralhas da cidade, que lhe ocorreu certo incidente, que nem sempre tem sido ligado ao assunto dos sonhos, mas que, a mim, parece óbvia culminação deles. Cavalgava displicentemente em certo lugar afastado, aparentemente no campo aberto, quando viu, caminhando pela estrada em sua direção, a figura de um homem; parou, pois viu que se tratava de um leproso. E soube instantaneamente que a sua coragem fora desafiada; não, porém, como o mundo desafia, mas com o desafio de alguém que conhecesse os segredos do coração. O que ele viu avançando em sua direção não era a bandeira nem as lanças de Perúsia, das quais nunca ele pensaria em recuar; nem os exércitos que lutaram pela coroa da Sicília, dos quais ele considerava do mesmo modo que um homem corajoso considera vulgar o perigo. Francisco Bernardone viu, subindo a estrada em sua direção, o seu próprio medo, o medo que vem do interior e não do exterior, embora permanecesse branco e horrível à luz do sol. Por uma vez, na longa precipitação da sua vida, a alma deve ter-lhe deixado imóvel. Saltando do cavalo, não sentindo diferença entre a imobilidade e a presteza, avançou sobre o leproso e envolveu-o nos braços. Fora o começo o de uma longa vocação de ministério entre muitos leprosos, em prol dos quais ele praticou muitas obras; a esse homem ele deu o dinheiro que pôde, e, montando de novo, prosseguiu no seu caminho. Não sabemos a que distância continuou, nem com que percepção das coisas que o rodeavam; mas dizem que quando olhou para trás, não discerniu figura alguma na estrada.

CAPÍTULO IV

Francisco, o construtor

Chegamos agora à grande lacuna da vida de Francisco de Assis, no ponto em que qualquer fato lhe acontecera que deverá permanecer grandemente obscuro à maior parte de nós, que somos indivíduos vulgares e egoístas, a quem Deus não destruiu para reconstruir.

Ao lidar com esta passagem difícil, especialmente considerando a minha própria finalidade de tornar as coisas moderadamente fáceis para o simpatizante mais secular, hesitei no que concerne ao melhor curso a tomar; assim, decidi-me, eventualmente, a contar primeiro o que sucedeu, oferecendo não mais que simples sugestão do que penso significar o que aconteceu. A significação mais ampla poderá com maior facilidade ser debatida depois, quando desdobrada na vida franciscana cabal. O que aconteceu foi o seguinte: transcorre a lenda, em grande parte, em torno das ruínas da igreja de São Damião, um velho templo de Assis, aparentemente abandonada e caindo aos pedaços. Ali, Francisco, tinha o hábito de ir orar à frente do crucifixo, durante aqueles dias escuros e sem objetivo da transição que seguiu ao colapso trágico de todas as suas ambições militares, talvez tornado amargo por alguma perda de prestígio social, coisa terrível para o seu espírito sensível. Fazendo isto, ouviu uma voz que lhe dizia: "Francisco, não vês que minha casa está em ruínas? Vai restaurá-la para mim!"

Francisco ergueu-se e partiu. Partir e fazer alguma coisa era uma das exigências da sua natureza impulsiva; provavelmente ele teria partido e realizado a obra, mesmo antes de haver inteiramente pensado no que fizera. Seja como for, o que fizera fora coisa muito decisiva e, desde logo, eminentemente desastrosa para a sua singular carreira social. Na linguagem grosseira e convencional do mundo que não compreende, ele roubou. Do seu próprio ponto de vista entusiástico, ele estendeu ao seu venerável progenitor Pedro Bernardone o invulgar entusiasmo e inestimável privilégio de auxiliar mais ou menos inconscientemente, na reconstrução da igreja de São Damião. De fato, o que ele fez foi, antes de qualquer coisa, vender o seu cavalo e, em seguida, várias peças de tecidos pertencentes ao pai, fazendo sobre elas o sinal da cruz a fim de indicar o destino piedoso e caritativo que levaram. Pedro Bernardone não interpretou as coisas sob essa luz. Pedro Bernardone, realmente, não tinha muito grande luz com que ver as coisas, tanto quanto dizia respeito ao gênio e temperamento do seu extraordinário filho. Em vez de entenderem que sorte de fôlego e chama de apetites abstratos o rapaz vivia, em vez de simplesmente mostrar-lhe (como o sacerdote fez mais tarde) o ato indefensável que praticara com a mais louvável intenção, o velho Bernardone tomou a questão do modo mais rígido; dum modo literal, legal. Tinha absoluto poder político como um pai pagão, e ele próprio aprisionou o filho como um ladrão vulgar. Pareceria que o brado encontrara eco no seio de muitos com quem antes o desventurado Francisco fora popular; e, no esforço de construir a casa de Deus, só logrou ter contra si a sua própria, e jazer enterrado sob as ruínas. A briga arrastou-se tristemente por várias fases; em certa hora o inditoso jovem parece ter desaparecido sob a terra, por assim dizer, nalguma caverna ou adega escura, onde ficara metido desesperançosamente nas trevas. De qualquer maneira, foi o seu mais lúgubre momento; o mundo inteiro tinha virado; o mundo inteiro estava sobre ele.

Depois que saiu, foi somente aos poucos que, talvez, alguém percebeu que algo lhe houvera sucedido. Ele e o pai foram chamados ao tribunal do bispo, pois Francisco tinha recusado a autoridade de todos os tribunais legais. O bispo dirigiu-lhe algumas observações, cheias do excelente bom senso que a Igreja Católica mantém permanentemente como esteio de todas as iniciativas audaciosas dos seus santos. Disse a Francisco que ele precisava inquestionavelmente devolver ao pai o dinheiro; que bênção alguma poderia resultar de uma boa obra realizada à custa de métodos injustos; em suma (para falar claro) o incidente terminaria, então, se o jovem fanático devolvesse o dinheiro ao velho caturra. Uma nova atmosfera se estabeleceu ao redor de Francisco. Ele já não se sentia acabrunhado, nem, muito menos, rastejava, em tanto quanto se referisse a seu progenitor; entretanto, as suas palavras, suponho, não indicam nem indignação ou insulto ostensivo nem nada com a natureza de mera continuação da discórdia. Tem remota relação com a linguagem misteriosa do seu grande modelo, "Que tenho eu que ver contigo?" ou, até, com o terrível "Não me toques".

Levantou-se, à frente de todos, e disse: "Até aqui tenho chamado pai a Pedro Bernardone, mas agora sou servo de Deus. Não somente o dinheiro, mas também tudo que se possa dizer dele, devolverei a meu pai, mesmo as próprias roupas que me deu." Nisto arrancou todas as vestes, exceto uma; e todos viram que era um cilício.

Empilhou no chão as roupas e, por cima delas, atirou o dinheiro. Voltou-se, em seguida, para o bispo e recebeu-lhe a bênção, como alguém que vira as costas à sociedade; e, de acordo com o relato, saiu como estava ao ar frio do mundo. Aparentemente estava, na ocasião, um mundo de fato frio, pois havia neve na terra. Um detalhe curioso, imagino que cheio de profunda significação, encontra-se no mesmo relato desta grande crise da sua vida. Ele saíra seminu, com o seu cilício, para os bosques de inverno, pisando o chão gelado entre as árvores nevadas: um homem sem pai. Sem dinheiro e sem país, ele, a toda aparência, não tinha ofício, plano ou esperança no mundo; e ao penetrar no mato gelado, pôs-se subitamente a cantar.

Evidentemente foi observado como coisa notável que a língua na qual cantava era o francês, ou esse provençal que, por conveniência, chamava-se francês. Não era o seu idioma nativo; e foi na sua língua materna que ele, afinal, logrou fama de poeta; com efeito, São Francisco é justamente um dos primeiros poetas nacionais nos dialetos puramente nacionais da Europa. Mas era a língua com a qual estavam identificados todo o ardor e todas as ambições de menino; para ele era a língua eminentemente romântica. Que tivesse rompido com ela nesta extraordinária extremidade, parece-me algo, à primeira vista, muito estranho, e, em última análise, bastante significativa. Qual teria sido, ou pudesse efetivamente ter sido, essa significação, procurarei dizê-lo no capítulo seguinte; basta indicar aqui que toda a filosofia de São Francisco revolvia em torno da idéia de uma nova luz sobrenatural sobre as coisas naturais, o que significava a recuperação final das coisas naturais, não a sua recusa final. E, para o fim desta parte puramente narrativa da questão, basta registrar que, enquanto vagueou pela floresta de inverno, no seu cilício, qual o mais selvagem dos ermitões, ele cantara na língua dos Trovadores.

No entanto, a narrativa naturalmente volta ao problema da igreja em ruínas, ou, ao menos, abandonada, que fora o ponto de partida do crime inocente do santo e punição beatífica. Esse problema ainda predominava na sua mente, e em breve lhe estava ocupando as atividades insaciáveis; mas eram atividades de diferente sorte; e não fez mais tentativas de interferir na ética comercial da cidade de Assis. Havia surgido nele um desses grandes paradoxos que são, ao mesmo tempo, vulgaridades. Compreendeu que o meio de construir uma igreja não era envolver-se em negociatas e em questões de direito legal, para ele coisa complicada. O meio de construir uma igreja não era pagar por ela com dinheiro alheio. O meio de construir uma igreja não era pagá-la, ainda que com o dinheiro próprio. O meio de construir uma igreja é... construí-la.

Saiu a recolher pedras. A todos que encontrava pedia que lhe dessem pedra. De fato, tornou-se um novo tipo de mendigo, invertendo a parábola; um mendigo que não pede pão, mas pedra. Provavelmente, da mesma forma como lhe aconteceu repetidamente no curso da sua extraordinária existência, a própria extravagância do pedido lhe valeu certa popularidade; e toda espécie de gente ociosa e opulenta teve simpatia pelo benevolente projeto, tal como se tratasse de uma especulação. Trabalhou com as próprias mãos na reconstrução da igreja, arrastando os materiais como uma besta de carga e aprendendo as últimas e mais duras lições do labor. Vasto número de histórias se conta de Francisco neste período, assim como em todo outro da sua vida; mas, para o nosso propósito, que é de simplificação, será melhor demorar um pouco nesta nova entrada definitiva do santo no mundo, pela porta grosseira do trabalho manual. Existe, com efeito, através de toda a sua vida, uma espécie de duplo significado, como a sua sombra projetada numa parede. Todas as suas ações tinham qualquer coisa do caráter de uma alegoria, e não será de admirar se algum dia qualquer historiador científico estólido queira demonstrar que ele próprio nunca passou de uma alegoria. Bem verdade é que ele operava numa dupla tarefa, e reconstruía outra coisa além da igreja de São Damião. Estava apenas descobrindo a lição geral de que a sua glória não iria repousar na derrubada de homens nos combates, mas na construção dos monumentos positivos e criadores da paz. Ele estava verdadeiramente construindo outra coisa, ou começando a construi-la; uma coisa que tem sobejamente caído em ruínas, embora nunca ultrapassando a capacidade de reconstrução; uma igreja que poderia sempre reconstruir-se, a despeito de carcomida a pedra fundamental, contra a qual as portas do inferno não prevalecerão.

A próxima fase do seu progresso marca-se provavelmente pela transferência que fez das suas energias de reconstrução arquitetônica à pequena igreja de Santa Maria dos Anjos em Porciúncula. Já tinha feito algo da mesma natureza numa igreja dedicada a São Pedro; e essa qualidade na sua vida, notada acima, que lhe deu o aspecto de um drama simbólico, levou muitos dos seus biógrafos mais devotos a notarem o simbolismo numérico das três igrejas. Havia, de qualquer forma, um simbolismo mais histórico e mais prático com respeito a duas delas. Pois a igreja original de São Damião foi, posteriormente, a sede da sua notável experiência de ordem feminina, e do puro e espiritual romance de Santa Clara. E a igreja de Porciúncula permanecerá para sempre um dos grandes edifícios históricos do mundo; foi ali que juntou o pequeno punhado de amigos e entusiastas; foi a casa dos homens sem lar. Nessa ocasião, porém, não estava claro que ele tivesse idéia definida de nenhum desenvolvimento monástico semelhante. Em que data o plano terá surgido na sua própria mente, é impossível dizer; mas a julgar pelos acontecimentos, assume primeiramente a forma da união de alguns amigos que se uniam a ele porque participavam da sua paixão à simplicidade. O relato sobre a forma da dedicação é, contudo, muito significativo; pois era o de uma invocação das implificação da vida de que fala o Novo Testamento. A adoração de Cristo tem sido, desde muito tempo, parte da natureza apaixonada do homem. Mas a imitação de Cristo, como espécie de plano ou esquema em que pautar a vida, pode-se, neste sentido, começar aqui.

Os dois homens que, aparentemente, receberam o crédito de perceber, pela primeira vez, o que se passava no mundo da alma, foram um sólido e abastado cidadão chamado Bernardo de Quintavalle e um cônego de uma igreja vizinha, chamado Pedro. É tanto mais para o seu crédito porque Francisco, se for lícito expressá-lo assim, chafurdava na pobreza e na associação de leproso e mendigos esfarrapados, enquanto esses dois eram homens que tinham muito a renunciar; um, cheio de conforto mundano, outro, de ambição na igreja. O rico cidadão Bernardo chegou literalmente a vender tudo quanto possuía a fim de dar aos pobres. Pedro fez ainda mais, pois desceu de uma cátedra de autoridade espiritual, provavelmente quando já era pessoa madura e, por conseguinte, de hábitos mentais fixos, para acompanhar um jovem extravagante, a quem a maioria tinha em conta de louco. Isso de que tinham conseguido um vislumbre e cuja glória Francisco tinha visto, poderá sugerir-se mais adiante, tanto quanto seja capaz de sugestão. Neste momento, não é preciso professarmos ver além do que viram todos os residentes de Assis, e, ademais, uma coisa inteiramente indigna de comentários. Os cidadãos de Assis só viram o camelo passar em triunfo pelo buraco da agulha, e Deus fazendo coisas impossíveis, porque para ele todas as coisas são possíveis; unicamente um sacerdote que rasgara sua vestimenta como o Publicano e não como o Fariseu, e um ricaço que partira alegremente porque não tinha posses.

Dizem que essas três figuras fizeram para si uma espécie de cabana ou caverna, próximo ao hospital de leprosos. Ali falavam entre si nos intervalos de trabalho e perigo (pois era necessário coragem dez vezes maior para cuidar de um leproso do que para lutar pela coroa da Sicília), em termos da sua vida nova, e quase como crianças que se comunicavam nalguma língua secreta. Pouco podemos dizer com segurança a respeito dos elementos individuais da sua primitiva amizade, todavia é certo que ficaram amigos até o fim. Bernardo de Quintavalle ocupa na história algo como a posição de Sir Bedivere, "primeiro armado e último deixado dos cavaleiros de Artur", porquanto reaparece à mão direita do santo no seu leito de morte, e recebe qualquer bênção especial. Mas todas estas coisas pertencem a outro mundo histórico, e estavam bastante remotas do trio esfarrapado e fantástico na sua cabana. Não eram monges, senão talvez no sentido mais literal e arcaico identificado com os eremitas. Eram, por assim dizer, três solitários que viviam socialmente juntos, mas não como sociedade. Tudo parece ter sido intensamente individual, conforme se vê do exterior indubitavelmente individual, ao ponto da insanidade. A agitação de qualquer coisa que tinha em si a promessa de um movimento ou de uma missão pode-se, pela primeira vez, sentir na questão do apelo ao Novo Testamento.

Era uma espécie de *sors virgiliana* com aplicação à Bíblia; uma prática não desconhecida dos protestantes, se bem que aberta à sua crítica, crer-se-ia antes uma superstição dos pagãos. De qualquer maneira, abri-las ao acaso parece quase o oposto de procurar-se um texto nas Escrituras, todavia São Francisco certamente as abriu ao acaso. De conformidade com uma história, ele simplesmente fez o sinal da cruz sobre o volume do Evangelho e abriu-o em três lugares, lendo três textos. O primeiro foi a lenda do homem rico, cuja recusa em vender os seus haveres dera ensejo ao grande paradoxo do camelo e da agulha. O segundo era o do mandamento aos discípulos, de nada levarem consigo na jornada, nem alforge, nem cajado, nem dinheiro. O terceiro falava, para ser literalmente crucial, que o seguidor de Cristo deve também levar a sua cruz. Há uma história um tanto semelhante de Francisco achar um desses textos, quase por acidente, meramente ouvindo ao que acontecera ser o evangelho do dia. Mas, segundo esta versão, pareceria, pelo menos, que o incidente deve ter ocorrido muito cedo na sua nova vida, talvez logo após a ruptura com o pai; pois fora aparentemente pela voz desse oráculo que o primeiro discípulo Bernardo saiu precipitadamente a espalhar todos os seus bens entre os pobres. Se isto for assim, pareceria que nada o acompanhou no momento, exceto a vida ascética individual, com a cabana por ermida. Deve naturalmente ter sido uma ermida de espécie um tanto pública, entretanto nem por isso deixava, num sentido bastante verdadeiro, de estar afastada do mundo. São Simeão Estilita, no topo do seu pilar,[8] foi, em certo sentido, um caráter excessivamente público, mas com tudo isso, havia na sua situação algo singular. Pode-se presumir que a maioria das pessoas achava singular a situação de Francisco, e muitos mesmo a supunham demasiadamente singular. Havia inevitavelmente em toda sociedade católica qualquer coisa definitiva e, até, subconsciente, ao menos capaz de compreendê-lo melhor do que o compreenderia uma sociedade pagã ou puritana. Porém, não devemos, nesta altura, exagerar esta potencial simpatia pública. Como já foi sugerido, a Igreja, e todas as suas instituições, tinham já o ar de serem antigas, estabilizadas e sensatas, as instituições monásticas inclusive. O bom senso era mais comum na Idade Média, creio, do que em nossa era jornalística um tanto precipitada; mas os indivíduos como Francisco não são comuns em era alguma, nem

---

[8] Simeão Estilita, o Antigo (389 - 459) foi um asceta cristão sírio, que viveu no cimo de uma coluna de pedra por trinta e sete anos – NC.

se deverão facilmente compreender com o mero exercício do bom senso. O século XIII foi, por certo, um período de progresso, talvez o único período realmente progressivo da história humana. Mas se pode chamá-lo progressivo precisamente porque o seu progresso foi muito ordenado. Foi verdadeira e realmente um exemplo de época de reformas sem revoluções. Ademais, as reformas não foram somente progressivas, e sim muito práticas, e foram muito vantajosas para as instituições altamente práticas, as cidades, os grêmios de comércio e as artes manuais. Ora, os homens sólidos da cidade e do grêmio, no tempo de Francisco de Assis, eram provavelmente muito sólidos de fato. Eram muito mais iguais economicamente, governados no seu próprio ambiente econômico com muito mais justiça do que os modernos, que lutam loucamente entre a fome e os prêmios monopolistas do capitalismo; mas é bastante provável que a maioria de tais cidadãos tivesse a cabeça dura dos camponeses. Certamente o comportamento do venerável Pedro Bernardone não indica nenhuma simpatia delicada para com as sutilezas refinadas e quase fantasiosas do espírito franciscano. E não podemos aquilatar o grau de beleza e originalidade desta estranha aventura espiritual, a não ser que tenhamos o humor e simpatia humana para pormos em palavras claras o como isso teria parecido a pessoa tão sem simpatia, ao tempo em que ocorreu. No capítulo seguinte tentarei, de forma inevitavelmente inadequada, indicar a parte interior da história da construção das três igrejas e da pequena cabana. Neste capítulo, não fiz senão esboçá-la exteriormente, e, encerrando-o, peço ao leitor lembrar-se e compenetrar-se do que a história realmente parecia, quando contemplada assim, do lado de fora. Dado a um crítico de bom senso um tanto grosseiro, sem outro sentimento pelo incidente além da contrariedade, como pareceria ficar a história?

Um jovem, maluco ou malandro, é apanhado a roubar o pai e vender mercadorias que era seu dever guardar; e a única explicação que oferece é que uma voz de alto timbre lhe falara ao ouvido, vinda não se sabe de onde, e mandara-o consertar as fendas e buracos de determinada parede. Então, declara-se independente de todos os poderes correspondentes à polícia ou aos magistrados para refugiar-se ao lado de bispo amistoso, que se vê no dever de admoestá-lo por ter agido mal. Em seguida, desanda a despir-se em público e praticamente atira a roupa ao rosto paterno, ao mesmo tempo que anuncia que o pai não é seu pai em absoluto. Depois disso sai pela cidade a pedir a todos que encontra que lhe dêem fragmentos de edifícios ou materiais de construção, tudo aparentemente ligado à sua antiga obsessão de consertar a parede. Pode ser magnífico encher fendas, mas isso, de preferência, por quem não esteja pessoalmente fendido; além disso, restaurações arquitetônicas, como outras coisas, não se fazem melhor por construtores que, como costumamos dizer, tenham algum parafuso solto. Finalmente o inditoso jovem cai em farrapos e esqualidez, e praticamente se arrasta para a sarjeta. Este é o espetáculo que Francisco deve ter apresentado a grande número dos seus vizinhos e amigos.

A forma como efetivamente viveu deve ter-lhes parecido duvidosa, todavia é de supor que já pedisse pão assim como pedira materiais de construção. Mas sempre teve o cuidado de pedir o pão mais negro e pior que pudesse haver, as cascas mais duras ou qualquer coisa menos luxuosa do que as migalhas comidas pelos cães, e que caíam da mesa dos ricos. Deste modo ele provavelmente passou muito pior do que o mendigo ordinário, pois enquanto o mendigo comeria o melhor que pudesse achar, o santo procurava comer o pior. Como fato patente, ele estava disposto a subsistir de refugos, e foi provavelmente experiência muito mais terrível do que a refinada simplicidade a que os vegetarianos e consumidores de água chamariam a vida simples. Da maneira como ele tratou da questão do alimento, aparentemente também tratou da questão do vestuário. Tratou disso baseado no mesmo princípio de tomar aquilo que lograsse obter, e, ainda assim, não o melhor. De acordo com certa versão, ele trocara de roupa com um mendigo; e, sem dúvida, teria ficado contente de trocá-la com algum espantalho. Outra história conta que tomou a grosseira túnica parda de um camponês; porém, é de presumir que o fizesse somente porque o camponês lhe dera a túnica mais velha que tinha, e era, de fato, extremamente velha. A maioria dos camponeses possui poucas peças sobressalentes para dar, e alguns deles não se mostram especialmente inclinados a dá-las a não ser quando absolutamente necessário. Dizem que, para substituir o cinturão que lançara de si (talvez com desprezo mais simbólico porque provavelmente levava a bolsa ou sacola conforme o uso da época), ele apanhou uma corda mais ou menos ao acaso, porque estava à mão, e passou-a em volta da cintura. Indubitavelmente, quis dar a entender que a usava qual expediente mesquinho como o maltrapilho mais destituto, que, às vezes, prende a roupa com um pedaço de barbante. Quis dar a entender que a idéia era segurar de qualquer forma a roupa. Dez anos depois esse costume era o uniforme de cinco mil homens, e cem anos mais tarde, nele, como panóplia pontifícia, desceram o grande Dante à cova.

CAPÍTULO V

Le jongleur de Dieu

MUITOS SINAIS E SÍMBOLOS poderiam ser usados para dar uma idéia do que realmente se passou na mente do jovem poeta de Assis. Com efeito, são a um tempo demasiado numerosos para escolher e, não obstante, demasiado insignificantes para satisfazer. Um deles, porém, pôde esboçar-se num pequeno fato aparentemente acidental: quando ele e seus companheiros seculares transportavam pela cidade seu aparato de poesia, diziam-se *Trovadores*. Mas quando ele e seus companheiros espirituais saíam na prática do seu trabalho espiritual no mundo, o chefe denominava-os *Les jongleurs de Dieu*.

Nada se disse aqui extensamente da grande cultura dos Trovadores, como apareceu em Provença ou Languedoc, grande como foi a sua influência na história e a sua influência sobre São Francisco. Poder-se-á dizer mais a seu respeito quando chegar o momento de sumariar a relação dele com a história; baste aqui notar, em poucas frases, os fatos a respeito deles que lhe foram relevantes, e, especialmente, o ponto particular ora em foco, que foi o mais relevante de todos. Ninguém ignora o que foram os Trovadores: ninguém ignora que muito cedo na Idade Média, no século XII e começo do século XIII, surgiu no sul da França uma civilização que ameaçava rivalizar ou eclipsar a crescente tradição de Paris. O seu principal produto era uma escola de poesia, ou antes, mais especialmente, uma escola de poetas. Eram primariamente poetas do amor, se bem que, amiúde, fossem satíricos e críticos das coisas em geral. Sua posição pitoresca na história é muito devida ao fato de terem cantado os seus próprios poemas e, freqüentemente, tocado os seus próprios acompanhamentos nos leves instrumentos musicais do período; eram menestréis ao mesmo tempo que homens de letras. Aliadas à sua poesia amorosa, havia outras instituições de espécie decorativa e fantasiosa, concernentes ao mesmo tema. Havia a chamada "Ciência Alegre", a tentativa de reduzir a uma espécie de sistema as nuanças finas do namoro e do galanteio. Havia os chamados tribunais do amor, nos quais os mesmos assuntos delicados eram tratados com pedantismo e pompa legal. Há um ponto nesta parte da questão que se deve lembrar com relação a São Francisco. Em todo esse soberbo sentimentalismo existiam manifestos perigos morais, porém é erro supor-se que o único perigo de exageração estivesse na direção do sensualismo. Havia no romance sulino um caráter que era, efetivamente, um excesso de espiritualidade; tal como era, em certo sentido, um excesso de espiritualidade a heresia pessimista que produziu. O amor nem sempre era animal; era, às vezes, tão aéreo ao ponto de ser quase alegórico. O leitor compreende que a dama é a mais linda coisa que possa jamais existir, apenas tem as suas dúvidas ocasionais sobre se ela existe ou não. Dante deveu alguma coisa aos Trovadores, e os debates críticos em torno da sua mulher ideal são exemplos excelentes dessas dúvidas. Sabemos que Beatriz não era sua esposa, mas estaríamos, de qualquer forma, igualmente seguros de que não era sua amante; e alguns críticos sugeriram mesmo que ela não fora, por assim dizer, nada absolutamente, a não ser a sua musa. Esta idéia de Beatriz como figura alegórica me parece infundada; parecê-lo-ia a qualquer homem que tivesse lido a *Vita Nuovae* estando apaixonado. Mas precisamente o fato de ser possível sugeri-lo ilustra qualquer coisa de abstrato e escolástico nessas paixões medievais. E embora fossem paixões abstratas, foram paixões muito ardentes. Aqueles indivíduos podiam sentir-se quase como amantes, mesmo em se tratando de alegorias e abstrações. Cumpre lembrar-se disto, a fim de se compreender que

São Francisco falava a verdadeira linguagem de um trovador, quando disse que também ele tinha uma dama gloriosa e graciosa, cujo nome era Pobreza.

Mas o ponto particular a notar aqui não concerne tanto ao vocábulo trovador quanto à palavra *jongleur*. Diz respeito, principalmente, à transição de um ao outro, e, por isto, é necessário conhecer outro pormenor sobre os poetas da Ciência Alegre. *Jongleur* não era a mesma coisa que trovador, embora o mesmo indivíduo fosse um trovador e um *jongleur*. O mais das vezes, creio, eram homens separados, tanto quanto ofícios separados. Em muitos casos, aparentemente, os dois andariam pelo mundo juntos, como companheiros de armas ou, antes, companheiros de arte. Um *jongleur* era propriamente um galhofeiro; às vezes isso a que chamaríamos malabarista. Imagino ser este o ponto da história de Taillefer *le jongleur* na batalha de Hastings, que cantou a morte de Roland enquanto atirava para o ar a espada e a colhia, como um malabarista com as suas bolas. Por vezes poderá mesmo ter sido um saltador; como o acrobata da bonita lenda que fora chamado "O Acrobata de Nossa Senhora", porque levantando as pernas para o ar, pôs-se sobre a cabeça à frente da imagem da Virgem, pelo que foi nobremente agradecido e confortado por ela e toda a companhia do céu. Podemos imaginar que, de ordinário, o trovador exaltava os assistentes com os seus ardentes e solenes versos de amor, e logo depois, o *jongleur* fazia a sua parte dando uma espécie de alivio de comicidade. Está ainda para ser escrito um glorioso romance medieval de dois companheiros assim, vagando pelo mundo. Seja como for, se houver algum lugar onde se possa encontrar o verdadeiro espírito franciscano, fora da verdadeira história franciscana, é na lenda do "Acrobata de Nossa Senhora". E quando São Francisco chamava aos seus seguidores de *jongleurs de Dieu*, dava a entender algo muito parecido com Acrobatas de Nosso Senhor.

Em alguma parte da transição entre a ambição do Trovador e o salto mortal do Acrobata se esconde, tal como numa parábola, a verdade de São Francisco. Entre os dois menestréis ou executantes, o galhofeiro era, talvez, o criado ou, pelo menos, a figura secundária. Era verdade quando São Francisco dizia ter encontrado o segredo da vida em ser o criado e a figura secundária. Havia finalmente, em tal serviço, uma liberdade que quase se totalizava em frivolidade. Comparava-se à condição do *jongleur* porque quase totalizava em frivolidade. O galhofeiro podia estar livre quando o cavaleiro estava firme, e era possível ser galhofeiro no serviço que é liberdade perfeita. Este paralelo dos dois poetas ou menestréis é, talvez, a melhor exposição preliminar e externa da mudança de coração franciscana, concebida sob uma imagem pela qual a imaginação do mundo moderno tem certa simpatia. Estava, naturalmente, envolvido muito mais do que isto, e temos de nos esforçar, por muito insuficientemente que seja, para penetrarmos além da imagem da idéia. É tão parecida com a dos acrobatas que, realmente, para muitos, é uma idéia confusa.

Na ocasião, ou aproximadamente na ocasião, em que Francisco desaparecera na prisão ou na caverna escura, sofreu uma viravolta de certa natureza psicológica; o que realmente fora como a revolução de um salto mortal completo, nisso que, completando o círculo inteiro, ele voltou, ou voltou aparentemente, à posição normal primitiva. É necessário usar-se o grotesco símile de um salto mortal acrobático, porque praticamente não existe outra figura que torne claro o fato. Mas, no sentido interior, foi uma profunda revolução espiritual. O homem que desceu ao calabouço não foi o mesmo que dali saiu; nesse aspecto ele estava quase tão diferente como se tivesse morrido e fosse um espectro ou espírito abençoado. E os efeitos disso sobre a sua atitude para com o mundo real foram, de fato, tão extravagantes como os poderá tornar qualquer paralelo. Ele olhava para o mundo tão diferentemente dos outros homens como se tivesse saído daquela caverna escura andando com as mãos.

Se aplicarmos a parábola do "Acrobata de Nossa Senhora" ao caso, estaremos muito próximos do ponto em questão. Ora, é realmente fato que toda cena, como uma paisagem, pode às vezes ser vista com mais clareza e frescor quando olhada de cabeça para baixo. Tem havido paisagistas que adotassem as posturas mais espantosas e cômicas a fim de contemplarem desse modo, por um instante, o assunto que pretendiam pintar. Assim, a visão invertida, tanto mais brilhante, curiosa e fascinante, apresenta efetivamente certa semelhança com o mundo que um místico como São Francisco observa diariamente. Mas aí jaz a parte essencial da parábola. O acrobata de Nossa Senhora não se plantou sobre a cabeça a fim de ver flores e árvores numa visão mais clara ou curiosa. Ele não fez isso; nem tal lhe teria ocorrido fazer. O Acrobata de Nossa Senhora plantou-se sobre a cabeça com o fim de agradar a Nossa Senhora. Se São Francisco tivesse feito a mesma coisa, e era bem capaz de fazê-la, tê-la-ia feito originalmente pelo mesmo motivo; um motivo de pensamento puramente sobrenatural. Seria depois disso que o seu entusiasmo se estenderia, dando uma espécie de auréola aos contornos de todas as coisas terrestres. Eis por que não é verdadeiro representar São Francisco como um simples romântico da Renascença e um revivescimento dos prazeres naturais pelo que estes valem. Todo o ponto nele era que o segredo da recuperação dos prazeres naturais reside em considerá-los à luz de um prazer sobrenatural. Em outras palavras, ele repetiu na sua própria pessoa o processo histórico descrito no capítulo de introdução; a vigília do ascetismo que remata na visão de um mundo natural feito de novo. Porém, no caso pessoal, houve até mais do que isto; houve elementos que fazem o paralelo do *Jongleur* ou Acrobata até mesmo mais apropriado do que este.

Pode-se imaginar que naquela caverna ou cela negra, Francisco viveu as horas mais lúgubres da sua vida. Por natureza ele era da espécie de homem que tem essa vaidade que é o oposto do orgulho; essa vaidade que é quase a humildade. Ele nunca desprezou os seus semelhantes e, por conseguinte, nunca desprezou as opiniões dos seus semelhantes – inclusive a admiração deles. Toda essa parte da sua natureza humana sofrera os golpes mais pesados e esmagadores. É possível que, depois da sua volta humilhada da campanha militar frustrada, ele fosse chamado covarde. É certo que, depois da briga com o pai, por causa das peças de tecido, ele foi chamado ladrão. E até aqueles que mais tinham simpatizado com ele, o padre cuja igreja ele restaurara, o bispo cuja bênção recebera, trataram-no evidentemente com amabilidade quase humorística, que só deixara de mais patente a conclusão ulterior do assunto. Ele tinha feito um imbecil de si próprio. Qualquer homem que tenha sido jovem, que tenha montado a cavalo ou se julgado apto para um combate, que se tenha imaginado trovador e aceitado as convenções da camaradagem, haverá de apreciar o peso enorme e esmagador dessa simples frase. A conversão de São Francisco, como a conversão de São Paulo, implicou em ter sido ele, de certo modo, lançado subitamente de cavalo ao chão; mas, em outro sentido, foi mesmo uma queda muito pior, pois se tratava de um cavalo de guerra. Seja como for, não restou dele um farrapo que não se mostrasse ridículo. Todos sabiam que, na melhor das hipóteses, ele fizera de si mesmo um tonto. Foi um objetivo sólido, como as pedras da rua, ele ter feito um tonto de si mesmo. Ele se viu como um objeto, muito pequeno e distinto, qual uma mosca a passear numa vidraça polida; e era inconfundivelmente um imbecil. E, ao olhar para a palavra "imbecil" escrita em letras luminosas à sua frente, a própria palavra se pôs a brilhar e modificar-se.

Costumávamos ouvir dizer quando crianças que, se um homem fosse fazer um buraco passando pelo centro da Terra e fosse descendo e descendo por ele, chegaria um momento, no centro, em que lhe pareceria estar subindo e subindo. Não sei se isso é verdade. Não sei se é verdade porque nunca fiz um buraco passando pelo centro da Terra, e, muito menos, desci por ele. Se não sei dizer qual a sensação desta reversão ou inversão, é porque nunca estive lá. E isto também é uma alegoria. É certo que o autor, e até possivelmente o leitor, é pessoa comum que nunca lá esteve. Não podemos acompanhar São Francisco à viravolta espiritual final, na qual a humilhação completa se transforma em completa santidade ou felicidade, porque nunca lá estivemos. Eu, por exemplo, não pretendo ir mais além do que a primeira queda das barricadas românticas da vaidade de menino, que mencionei no último parágrafo. E mesmo esse parágrafo, naturalmente, é mera conjetura, uma suposição individual do que ele pudesse haver sentido, o que não impede que tivesse sentido coisa inteiramente diversa. Mas, que sentimento outro tivesse sido, tinha tanta analogia com a história do homem abrindo um túnel através da Terra que, de fato, significou um homem descer e descer até certo ponto misterioso, quando começa a subir e subir. Nós nunca subimos assim porque nunca descemos assim; somos obviamente incapazes de dizer que tal não aconteça; e, quanto mais cândida e calmamente lermos a história humana, e especialmente a história dos homens mais sábios, tanto mais chegaremos à conclusão de que tal acontece. Não tenho absolutamente pretensão de escrever acerca da essência intrínseca, interna, da experiência. Todavia o efeito externo, para a finalidade desta narrativa, pode expressar-se dizendo que, quando Francisco emergiu da sua caverna de visão, ainda usava como pena no seu gorro a mesma palavra "idiota"; como uma crista ou até uma coroa. Ele continuaria sendo idiota: tornar-se-ia cada vez mais idiota; seria o bobo real do Rei do Paraíso.

Esse estado só pode ser representado num símbolo, mas o símbolo da inversão é verdadeiro em outro modo. Se um homem visse o mundo de cabeça para baixo, com todas as árvores e torres dependuradas, viradas, como numa poça, um efeito seria salientar a idéia de dependência. Existe uma conexão literal latina, pois a mesma palavra dependência apenas significa dependura. Tornaria mais vívido o texto das Escrituras que diz que Deus dependurou o mundo em nada. Se São Francisco viu, num dos seus sonhos estranhos, a cidade de Assis de cabeça para baixo, não teria diferido num único pormenor sequer, exceto por estar voltada inteiramente. Mas o ponto é este: enquanto que para os olhos normais a pesada alvenaria das suas muralhas, os alicerces maciços das suas torres de vigia e sua elevada cidadela a tornassem mais segura e mais permanente, no instante em que fosse virada para baixo, o próprio peso daria a impressão de estar mais desamparada e mais em perigo. Não é senão um símbolo, porém acontece ajustar-se ao fato psicológico. São Francisco podia amar a sua pequena cidade tanto quanto antes, ou mais do que antes; mas a natureza do amor seria alterada, mesmo pelo fato de ser aumentada. Poderia ver e amar toda telha dos telhados íngremes ou todas as aves nas ameias; porém, veria todas sob uma nova luz divina de eterno perigo e dependência. Ao invés de simplesmente sentir orgulho pela sua cidade, por ser inamovível, ele renderia graças a Deus Todo Poderoso por ela não se ter despencado; daria graças a Deus por não despejar o cosmo inteiro como um vasto cristal a ser estilhaçado em estrelas cadentes. Talvez São Pedro tenha visto o mundo assim, quando foi crucificado de cabeça para baixo.

Foi comumente em sentido um tanto cínico que os homens disseram: "Bem-aventurados os que nada esperam, pois não serão desapontados?". E foi em sentido inteiramente feliz e entusiástico que São Francisco disse: "Bem-aventurados os que nada esperam, pois de tudo gozarão." Foi por essa idéia deliberada de partir do zero, do nada obscuro dos seus próprios méritos, que ele chegou a gozar mesmo de coisas terrenas como poucos homens as gozaram; e são em si mesmas o melhor exemplo vivo da idéia. Pois não existe meio pelo qual um homem possa ganhar uma estrela ou merecer um pôr-do-sol. Mas se acha implicado muito mais do que isto, mais, realmente, do que se possa expressar em palavras. Não somente é verdade que tanto menos um homem pense em si mesmo, tanto mais pensa na sua boa sorte e em todas as dádivas de Deus. É também verdade que ele vê mais das próprias coisas, quando vê mais da sua origem, pois a origem faz parte delas e, de fato, a parte mais importante. Elas assim ficam mais extraordinárias, sendo explicadas. Há mais admiração por elas, e menos medo, pois uma coisa é realmente maravilhosa quando tem significado e não quando é insignificante; e um monstro disforme e mudo, ou meramente destruidor, pode ser maior do que as montanhas, entretanto, continua sendo insignificante no sentido literal. Para um místico qual São Francisco, os monstros tinham uma significação, isto é, tinham comunicado a sua mensagem. Já não mais falavam em língua desconhecida. É esse o significado de todas as histórias, quer lendárias ou históricas, nas quais ele aparece como um mágico falando a linguagem dos animais e das aves. O místico nada tem com o simples mistério; o mero mistério é geralmente mistério de iniqüidade.

A transição do homem bom para o santo é uma espécie de revolução, pela qual alguém a quem todas as coisas ilustram e iluminam Deus, torna-se alguém a quem Deus ilustra e ilumina todas as coisas. É antes semelhante à reversão pela qual um amante poderia dizer à primeira vista que uma dama se parecesse com uma flor, e mais tarde dizer que todas as flores o faziam se lembrar dessa dama. Um santo e um poeta, de pé junto à mesma flor, poderiam parecer dizer a mesma coisa, entretanto, na realidade, se bem que ambos dissessem verdade, diriam verdades diferentes. Para um a alegria da vida é um motivo de fé, para outro, antes um resultado da fé. Um efeito, porém, da diferença, é que o sentido da dependência divina, que, para o artista, é como a luz artificial, para o santo é como a luz meridiana. Estando, em certo sentido místico, do outro lado das coisas, ele as vê partindo da divindade como crianças a sair de um lar familiar, ao invés de encontrá-las, como a maioria de nós, nas estradas do mundo. E é o paradoxo que, por este privilégio, ele é mais familiar, mais livre e fraternal, mais descuidadamente hospitaleiro do que nós. Para nós os elementos são como arautos que nos anunciam com trombeta e tabardo que nos estamos aproximando da cidade de um grande rei; porém ele os saúda com velha familiaridade, que é quase uma velha frivolidade. Ele os denomina seu irmão fogo e sua irmã água.

Assim emerge deste abismo quase niilista a nobre coisa que se chama louvor; que ninguém jamais haverá de compreender enquanto identificá-la com o culto à natureza ou com o otimismo panteísta. Quando dizemos que um poeta louva a criação, queremos comumente dizer somente que ele louva todo o cosmos. Mas esta espécie de poeta louva realmente a criação, no sentido do ato da criação. Louva a passagem ou transição da inexistência à entidade; aqui também incide a sombra dessa imagem de arquétipo da ponte, que deu ao sacerdote o seu nome arcaico e misterioso. O místico que passa pelo momento em que nada existe senão Deus, contempla, em certo sentido, os começos sem começo quando, de fato, nada mais existia. Ele não somente aprecia o tudo como o nada de que todas as coisas foram feitas. De certa forma ele suporta e responde até à ironia sísmica do Livro de Jó; em certo sentido ele está lá quando se lançam os alicerces do mundo, com as estrelas da manhã cantando em concerto e os filhos de Deus gritando de alegria. Isto é apenas um distante símbolo da razão porque o franciscano, esfarrapado, sem dinheiro, sem lar e aparentemente sem esperança, saiu realmente a cantar canções como poderiam provir das estrelas matutinas; e a gritar, um filho de Deus.

Esse senso da grande gratidão e sublime dependência não foi uma frase, nem mesmo um sentimento; é todo o ponto de que foi essa, precisamente a rocha da realidade. Não foi uma fantasia, mas um fato; é antes verdade que, ao lado dele, todos os fatos fossem fantasias. Isto de dependermos em todo detalhe e a cada instante de Deus, como diria um cristão, ou da existência e natureza das coisas, como diria mesmo um agnóstico, não é ilusão da imaginação; ao contrário, é o fato fundamental com o qual cobrimos, como com cortinas, a ilusão da vida ordinária. Essa vida ordinária é em si mesma uma coisa admirável, como a imaginação é coisa admirável em si mesma. Mas, é muito mais a vida ordinária que se faz de imaginação do que a vida contemplativa. Quem quer que tenha visto o mundo inteiro a pender de um fio de cabelo de misericórdia de Deus, terá visto a verdade; quase poderíamos dizer a verdade fria. Quem teve a visão da sua cidade de cabeça para baixo, viu-a da maneira acertada.

Rossetti[9] comenta em algum lugar, amargamente mas com grande verdade, que o pior momento do ateu é quando sente realmente gratidão e não tem a quem agradecer. A recíproca desta proposição é também verdadeira; e é certo que esta gratidão produziu, em homens como nos que aqui consideramos,

---

[9] Dante Gabriel Rossetti (1828-1882), poeta, pintor e tradutor inglês – NC.

os momentos de mais pura alegria que o homem jamais conheceu. O grande pintor gabou-se de ter misturado todas as suas tintas com miolos, e do grande santo pode dizer-se que misturou todos os seus pensamentos com agradecimentos. Todos os bens parecem melhores quando parecem dádivas. Neste sentido é certo que o método místico estabelece uma relação externa muito sadia para com tudo o mais. Todavia, cumpre sempre ter-se em mente que tudo o mais caiu definitivamente em plano secundário, em comparação com este simples fato da dependência da realidade divina. Em tanto quanto as relações sociais ordinárias tenham em si qualquer coisa que pareça sólida e capaz de manter-se por si mesma, têm certo senso de ser ao mesmo tempo apoiada e estofada; em tanto quanto estabeleçam sanidade no sentido da segurança, e segurança no sentido da suficiência individual, o homem que tiver visto o mundo pendendo de um fio de cabelo encontra certa dificuldade em tomá-las tão seriamente. Em tanto quanto mesmo as autoridades e hierarquias seculares, até as superioridades mais naturais e as subordinações mais necessárias, tendam a colocar o homem no seu lugar, tornando-o ao mesmo tempo seguro da sua posição, o indivíduo que tiver visto a hierarquia humana de cabeça para baixo sempre haverá de ter um sorriso para as suas superioridades. Neste sentido a visão direta da realidade divina perturba, de fato, solenidades bastante sãs em si mesmas. O místico poderá ter adicionado um cúbito a sua estatura, porém geralmente perde algo do seu estado. Não mais poderá tomar a sua individualidade como coisa positiva só pelo fato de simplesmente poder verificar sua própria existência num registro de paróquia ou numa Bíblia familiar. Semelhante homem pode ter algo da aparência de um lunático que perdeu o nome, enquanto preservando a sua natureza; que se esquece logo do tipo de homem que era. "Até aqui tenho chamado pai a Pedro Bernardone; mas sou agora o servo de Deus."

Todas estas questões profundas devem ser sugeridas em frases curtas e imperfeitas; e a exposição mais breve de um aspecto desta iluminação é dizê-la a descoberta de uma dívida infinita. Poderá parecer paradoxal dizer que alguém seja transportado de alegria por descobrir-se em dívida. Mas isto somente porque, nos casos comerciais, o credor geralmente não participa do transporte de alegria; especialmente quando a dívida é, por hipótese, infinita e, por conseguinte, incobrável. Mas aqui novamente o paralelo de uma natural história de amor da espécie mais nobre elimina, de súbito, a dificuldade. Aí o credor infinito participa, efetivamente, da alegria do devedor infinito; pois, realmente, ambos são devedores e ambos são credores. Em outros termos, a dívida e a dependência tornam-se de fato prazeres, na presença do amor impoluto; a palavra é empregada demasiado frouxa e luxuriosamente nas simplificações populares como as presentes; mas aqui a palavra é verdadeiramente a chave. É a chave de todos os problemas da moralidade franciscana, que intrigam a mente simplesmente moderna; mas, acima de tudo, é a chave do ascetismo. É o mais elevado e o mais santo de todos os paradoxos o homem que realmente sabe não poder pagar a sua dívida e que viverá eternamente pagando-a. Ele estará sempre retribuindo aquilo que não pode retribuir, nem ser considerado capaz de retribuir. Estará eternamente lançando coisas num abismo sem fundo, de agradecimentos incomensuráveis. Os que se julgam demasiado modernos para compreenderem isto são, de fato, demasiado mesquinhos para compreender; somos quase todos demasiado mesquinhos para praticar isto. Não somos assaz generosos para ser ascéticos; quase se poderia dizer que não somos assaz geniais para ser ascéticos. O homem precisa ter magnanimidade de rendição, da qual tem comumente apenas um vislumbre no primeiro amor, como um vislumbre do nosso Éden perdido. Mas, quer ele o veja ou não, a verdade está nesse enigma; que o mundo inteiro tem, ou é, unicamente uma coisa boa; e é uma dívida impagável. Se jamais sair da moda essa espécie mais rara de amor romântico para ser tratada como ficção, poderemos ver algum mal entendido qualquer como o do mundo moderno a respeito do ascetismo. Pois parece concebível que alguns bárbaros tentassem destruir o cavalheirismo no amor, como os bárbaros que dominaram Berlim destruíram o cavalheirismo na guerra. Se jamais isso fosse assim, teríamos a mesma sorte de riso sem inteligência e perguntas sem imaginação. Os homens perguntarão que espécie de mulher egoísta deve ter sido a que impiedosamente exigia tributo na forma de flores, e que criatura avarenta ela pode ter sido para pedir ouro sólido na forma de um anel; exatamente como perguntariam que Deus cruel poderá ter exigido sacrifício e auto-recusa. Terão perdido a chave de tudo quanto os amantes quiseram dar a entender por amor; e não compreenderão que foi porque a coisa que se fez não foi a que se pediu. Mas, se qualquer dessas coisas menores haverá ou não de projetar luz sobre as maiores, será inteiramente inútil estudar se uma coisa grande como o movimento franciscano, permanecendo-se na mentalidade moderna que murmura contra o ascetismo sombrio. Todo o ponto a respeito de São Francisco de Assis é que ele certamente foi ascético e certamente, não foi sombrio. Tão depressa ele se viu desmontado do cavalo pela gloriosa humilhação da sua visão da dependência do amor divino, tão depressa se pôs a jejuar e fazer vigília, exatamente com a mesma fúria com que se tinha lançado ao combate. Ele voltara atrás nitidamente o seu ginete, mas não havia o que impedisse ou sustivesse a impetuosidade fulminante da sua carga. Nada havia negativo; não foi um regime nem uma simplicidade estóica da vida. Não foi uma auto-recusa, meramente no sentido do auto-domínio. Foi coisa tão positiva como uma paixão; tinha todo o ar de ser tão positiva como um prazer. Ele devorava o jejum como um homem devora o alimento. Engolfava-se na pobreza com a mesma avidez de um homem que cavasse ouro. E é precisamente a qualidade positiva e apaixonada desta parte da sua personalidade o que desafia o espírito atual em todo o problema da conquista do prazer. Existe inegavelmente o fato histórico; e, ligado a ele, outro fato moral quase tão inegável. É certo que aderiu a este curso heróico ou desnatural desde o momento em que saiu no seu cilício para dentro dos bosques de inverno até o momento quando desejou, mesmo no leito de morte, ser enterrado nu no chão nu, a fim de provar que ele não tinha e não era nada. E podemos dizer, com quase tão segura certeza, que as estrelas que passaram por cima daquele cadáver descarnado e consumido, nu sobre o chão de pedra, olharam, por uma vez em todos os seus ciclos brilhantes ao redor do mundo da humanidade sofredora, sobre um homem feliz.

CAPÍTULO VI

O pobrezinho

DAQUELA CAVERNA, que fora uma fornalha de luzente gratidão e humildade, surgiu uma das personalidades mais originais, mais estranhas e mais poderosas que a história humana jamais conheceu. Ele foi, entre outras coisas, enfaticamente isso a que chamamos caráter; quase como falamos de uma personagem numa boa novela ou drama. Foi não somente um humanista, mas um humorista; humorista especialmente na antiga acepção inglesa do indivíduo sempre de bom humor, seguindo o seu caminho e fazendo coisas que ninguém mais teria feito. As anedotas a seu respeito têm certa qualidade biográfica, cujo exemplo mais familiar é o Dr. Johnson que pertence de outro modo a William Blake ou a Charles Lamb. A atmosfera só pode ser definida por uma espécie de antítese; o ato é sempre inesperado e nunca impróprio. Antes de ser dita ou feita a coisa, ela nem mesmo pode ser conjeturada; mas depois de dita ou feita, é meramente sentida como característica. É surpreendentemente, contudo inevitavelmente, individual. Esta qualidade de adequação abrupta e consistência embaraçante pertence a São Francisco dum modo que o faz sobressair da maioria dos homens de seu tempo. Os homens aprendem cada vez mais a respeito das sólidas virtudes sociais da civilização medieval; mas essas impressões ainda continuam a ser sociais, ao invés de individuais. O mundo medieval estava muito adiante do mundo de hoje no sentido que tinha das coisas nas quais todos os homens são unânimes: a morte e a luz meridiana da razão, e a consciência comum que mantém unidas as comunidades. As suas generalizações foram mais sadias e sensatas do que as loucas teorias materialistas de hoje; ninguém toleraria um Schopenhauer a desprezar a vida, ou um Nietzsche a viver somente pelo desprezo. Mas o mundo moderno é mais sutil no seu senso das coisas nas quais os homens não estão unânimes; nas variedades e diferenciações temperamentais que dão corpo aos problemas pessoais da vida. Todos os homens capazes de pensar por si mesmos compreendem agora que os grandes escolásticos tinham um tipo de pensamento de maravilhosa clareza; mas era, por assim dizer, deliberadamente incolor. Todos agora concordam em que a maior arte da época era a arte dos edifícios públicos; a arte popular e comunal da arquitetura. Mas não foi uma era de arte para a pintura de retratos. Não obstante, os amigos de São Francisco encontraram um meio de legar um retrato; uma coisa quase parecida com uma caricatura afetuosa e devota. Existem nela linhas e cores que são tão pessoais ao ponto quase de perversidade, se for lícito o uso da palavra perversidade para uma inversão que foi também uma conversão. Mesmo entre os santos ele tem o ar de uma espécie de excêntrico, se for lícito o uso da palavra para alguém cuja excentricidade consistia em sempre se voltar em direção ao centro.

Antes de retomar a narrativa das suas primeiras aventuras, e da formação da grande irmandade que foi o início de tão misericordiosa revolução, acho oportuno completar aqui este imperfeito retrato pessoal; e, tendo experimentado fazer, no último capítulo, uma tentativa de descrição do processo, aduzir neste capítulo alguns retoques para descrever o resultado. Com resultado quero dizer o próprio indivíduo, depois das suas primeiras experiências de formação; o homem encontrado a andar pelas estradas da Itália com a sua túnica parda amarrada com uma corda. Pois esse homem, exceto a graça de Deus, é a explicação de tudo que se seguiu; os homens agiam bastante diferentemente conforme houvessem ou não tido contato com ele. Se mais tarde virmos um vasto tumulto, um apelo ao papa, multidão de hábito pardo a cercar as sedes da autoridade, pronunciamentos papais, tribunais heréticos, julgamento e sobrevivência triunfal, o mundo cheio de um novo movimento, o frade, uma palavra caseira em todos os cantos da Europa, e se indagarmos o porquê de tanto acontecimento, somente poderemos acercar-nos de qualquer resposta à nossa pergunta se formos capaz de, nalguma forma imaginativa indireta e pálida, ouvir uma voz humana ou ver um rosto humano debaixo de um capuz. Não tem outra resposta senão que Francisco Bernardone acontecera; e devemos procurar, em certo sentido, experimentar ver o que teríamos observado se ele tivesse acontecido a nós. Em outra palavras, depois de algumas sugestões tateantes sobre a sua vida vista de dentro, precisamos considerá-la novamente de fora; como se fosse um estranho que se viesse aproximando de nós numa estrada entre as colinas da Úmbria, entre as oliveiras ou as vinhas.

Francisco de Assis era de figura leve, dessa leveza que, combinada com tanta vivacidade, dá impressão de pequenez. Talvez fosse mais alto do que parecia; de estatura média, dizem os seus biógrafos; era, certamente, muito ativo e, levando-se em conta o que passou, deve ter sido de tolerável resistência física. Sua tez tinha a cor parda do sul, com barba escura, fina e pontuda, como as que se representam sob o capuz dos duendes; e seus olhos luziam com o fogo que o atiçava dia e noite. Há qualquer coisa na descrição de tudo quanto ele dizia e fazia que sugere que, mesmo mais do que a maioria dos italianos, ele incidia naturalmente numa apaixonada pantomima de gesticulação. Se isto for exato, será igualmente certo que nele, ainda mais do que na maioria dos italianos, os gestos eram gestos de delicadeza e hospitalidade. E ambos estes predicados, a vivacidade e a cortesia, foram os sinais exteriores de qualquer coisa que o marca bastante assinaladamente dentre muitos da sua espécie, que parecem ser mais do que na realidade são. Com verdade se diz que Francisco de Assis foi um dos fundadores do drama medieval, e, por conseguinte, do drama moderno. Ele era exatamente o reverso de uma personagem teatral, no sentido egoísta; mas, a despeito de tudo isso, era uma personalidade eminentemente dramática. Este lado da sua pessoa pode ser mais bem sugerido tomando-se o que comumente se considera como um temperamento sossegado; o que comumente se descreve como amor à natureza. Somos forçados a empregara expressão; e é expressão inteiramente errada.

São Francisco não foi amante da natureza. Devidamente compreendido, um amante da natureza era precisamente o que ele não foi. A frase implica na aceitação do universo material como um ambiente vago, uma espécie de panteísmo sentimental. No período romântico da literatura, na era de Byron e Scott, era assaz fácil imaginar-se que um eremita nas ruínas de alguma capela (preferivelmente sob o luar) pudesse encontrar paz e prazer na harmonia das florestas solenes e estrelas silenciosas, enquanto ponderasse debruçado em cima de algum manuscrito ou volume iluminado, de cuja natureza litúrgica o autor era um pouco vago. Em suma, o eremita poderia amar a natureza como perspectiva de fundo. Ora, para São Francisco nada estava jamais no plano de fundo. Poderíamos dizer que a sua mente não tinha plano de fundo, exceto talvez essa escuridão divina da qual o amor divino evocara, uma por uma, todas as criaturas coloridas. Ele tudo via como dramático, não inerte como num quadro, mas vivo como numa representação. Um pássaro passava por ele como uma flecha; algo como uma história e um propósito, se bem que propósito de vida e não propósito de morte. Um arbusto tolhia-lhe o passo como algum salteador; e, realmente, ele estava tão pronto a dar boas-vindas ao salteador como ao arbusto.

Em poucas palavras, falamos de um homem incapaz de enxergar o bosque inteiro porque se concentrava demais em cada árvore. São Francisco era um homem que não queria ver o bosque por causa das árvores. Queria ver toda árvore como coisa separada e quase sagrada, sendo filha de Deus e, portanto, irmão ou irmã dos homens. Mas ele não queria pousar à frente de um cenário de palco usado meramente como perspectiva de fundo, e inscrito de modo geral: "Cena: um bosque." Neste sentido poderemos afirmar que ele era demasiado dramático para o drama. A cena teria tomado vida nas suas comédias; as paredes haveriam realmente falado como *Snout the Tinker*,[10] e as árvores teriam realmente caminhado até Dunsinane. Tudo haveria de aparecer no primeiro plano; e, nesse sentido, na ribalta. Tudo haveria de ser, em todos os sentidos, um caráter. É esta a qualidade em que, como poeta, ele é inteiramente o oposto de um panteísta. Ele não chamava mãe à natureza; chamava irmão a um asno qualquer ou irmã a uma andorinha qualquer. Se tivesse chamado tio a um elefante ou tia a uma girafa, como possivelmente o fez, ele ainda teria dado a entender que eram criaturas particulares designadas pelo Criador a ocuparem determinados lugares; não meras expressões da energia evolutiva das coisas. Eis aí onde o seu misticismo tanto se avizinha do bom senso infantil. A criança não tem dificuldade em compreender que Deus fez o cão e o gato, conquanto perceba claramente que fazer cães e gatos do nada é processo misterioso que lhe sobrepuja a imaginação. Criança alguma, porém, compreenderia o que se pretendesse dizer-lhe, misturando-se o cão e o gato com tudo o mais, num monstro único de mil pés a que se desse o nome de natureza. A criança decididamente se recusaria a tentar entender semelhante animal. São Francisco foi um místico e acreditava no misticismo, não na mistificação. Como místico, foi o inimigo mortal de todos os místicos que fundiam a margem das coisas e dissolviam uma entidade na sua ambiência. Foi místico da luz diurna e da escuridão noturna, mas não místico crepuscular. Foi justamente o contrário dessa espécie de visionário oriental que só é místico porque é cético demais para ser materialista. São Francisco foi enfaticamente um realista, usando-se a palavra realista na sua acepção medieval muito mais real. Neste ponto ele foi, verdadeiramente, semelhante ao melhor espírito da sua época, que acabava de ganhar a sua vitória sobre o nominalismo do século XII. Neste houve, realmente, qualquer coisa simbólica na arte e na decoração contemporâneas do seu período, como na arte heráldica. As aves e os animais franciscanos eram

---

[10] Tom Snout, personagem de "Sonho de Uma Noite de Verão", de William Shakespeare – NC.

realmente como aves e animais heráldicos; não no sentido de animais fabulosos, mas no de serem tratados como se fossem fatos claros, positivos e não afetados pelas ilusões da atmosfera e da perspectiva. Nesse sentido ele viu uma ave negra num campo azul celeste ou um carneiro branco num campo verde. Mas a heráldica da humildade era mais rica do que a heráldica da vaidade; pois ele vira todas essas coisas dadas por Deus como qualquer coisa mais preciosa e única do que os brasões que príncipes e nobres só haviam dado a si próprios. Efetivamente, das profundezas dessa rendição, ergueu-se mais alto do que os mais elevados títulos da era feudal; do que o louro de César, do que a Coroa de Ferro da Lombardia. É um exemplo dos extremos que se tocam, esse do Pobrezinho, que se despira de tudo e se chamara nada, tomar o mesmo título que tem sido o impetuoso escárnio da vaidade do vistoso autocrata asiático, chamando-se irmão do sol e da lua.

Esta qualidade de algo marcante, e até surpreendente, nas coisas vistas por São Francisco, é aqui importante para ilustrar certo caráter da sua própria vida. Como via todas as coisas dramaticamente, ele sempre foi dramático. Temos de supor seguidamente, desnecessário dizê-lo, que ele era poeta, e só é compreendido como poeta. Porém, tinha um privilégio, negado à maioria dos poetas. Nesse ponto, realmente, ele poderia ser chamado o único poeta feliz entre todos os infelizes poetas do mundo. Foi poeta cuja vida inteira foi um poema. Foi tanto um menestrel que simplesmente cantava as suas próprias composições, como dramaturgo capaz de representar a totalidade das suas próprias peças. As coisas que ele dizia eram mais imaginativas do que as que escrevia, e as coisas que fez foram mais imaginativas do que as que disse. Todo o seu curso pela vida foi uma série de cenas nas quais ele tinha uma espécie de constante sorte em trazer as coisas a uma crise belíssima. Falar-se da arte de viver chegou a parecer mais artificial do que artístico. Mas São Francisco fez, num sentido definido, uma arte do próprio ato de viver, embora fosse arte impremeditada. Muitas de suas ações parecerão grotescas e intrigantes ao gosto racionalista. Mas foram sempre ações e não explicações, e sempre deram a entender aquilo que pretenderam fosse entendido. A vividez assombrosa com que se estampou na memória e na imaginação da humanidade é mui largamente devida ao fato de ser visto repetidamente debaixo de tais condições dramáticas. Desde o momento em que arrancou as suas roupas e lançou-as aos pés do pai, até o momento em que se estirou moribundo sobre a terra nua, num modelo de cruz, sua vida foi composta dessas atitudes inconscientes e gestos sem hesitação. Seria fácil encher-se página sobre página com exemplos; mas seguirei aqui o método por toda parte achado conveniente para este ligeiro esboço, tomando apenas um exemplo típico e demorando-me nele um pouco mais detalhadamente do que seria possível numa catalogação, na esperança de tornar mais claro o significado. O exemplo tomado aqui ocorreu nos últimos dias da sua vida, mas se refere aos primeiros de maneira um tanto curiosa; e abraça a notável unidade daquele romance da religião.

A frase acerca da sua irmandade com o sol e com a lua, e com a água e o fogo, ocorre naturalmente no seu famoso poema chamado "O Cântico das Criaturas" ou "O Cântico do Sol". Ele cantou-o vagueando pelos prados nas estações mais soalheiras da sua própria carreira, quando despejava sobre o céu todas as suas paixões de poeta. É uma obra supremamente característica, e, dela só, muito se poderia reconstituir a respeito de São Francisco. Se bem que, de certa forma, a obra seja simples e direta como uma balada, há nela um delicado instinto de diferenciação. Observa-se, por exemplo, a noção do sexo nas coisas inanimadas, que ultrapassa sobremaneira o gênero gramatical arbitrário. Não foi por nada que ele chamou irmão ao fogo, feroz, alegre e poderoso, e irmã à água, pura, límpida e inviolável. Lembre-se de que São Francisco não foi nem obstado nem auxiliado por todo o politeísmo greco-romano transformado em alegoria, que tem freqüentemente sido à poesia européia uma inspiração e, demasiadas vezes, uma convenção. Quer ele ganhasse ou perdesse com o desprezo ao saber, nunca lhe ocorreu ligar Netuno e as ninfas à água, ou Vulcano e os Ciclopes à chama. Este ponto ilustra perfeitamente o que já foi sugerido: que, longe de ser um revivescimento do paganismo, a renascença franciscana foi uma espécie de novo começo e primeiro despertar, depois do esquecimento do paganismo. Certamente é responsável por certa novidade da coisa em si mesma. Seja como for, São Francisco foi, por assim dizer, o fundador de um novo folclore; mas ele sabia distinguir os seus tritões das suas sereias e os seus feiticeiros das suas bruxas. Em suma, teve de criar a sua própria mitologia; porém, diferenciava num relance as suas deusas dos seus deuses. Esse instinto fantasioso pelos sexos não é o único exemplo de um instinto imaginativo semelhante. Existe justamente a mesma curiosa felicidade no fato de atribuir ele ao sol um título ligeiramente mais cortês do que o de irmão; frase que um rei poderia usar referindo-se a outro, correspondente a *"Monsieur notre frère"*. É como uma pálida sombra semi-irônica da brilhante primazia mantida nos céus pagãos. Dizem que um bispo se queixara de um não-conformista, porque este dissera Paulo ao invés de São Paulo, alegando que o mesmo poderia ao menos ter dito Sr. Paulo. Assim, São Francisco está isento de toda obrigação de clamarem louvor ou terror ao Senhor Deus Apolo, mas, no céu novo da sua infantilidade, ele o saúda dizendo Sr. sol. Essas são coisas nas quais ele tem uma espécie de infância inspirada, somente comparada nas histórias de criança. Algo do mesmo temor nebuloso, mas sadio, faz a história do irmão coelho e irmã raposa referir-se respeitosamente ao Sr. Homem.

Este poema, repleto da alegria juvenil e das memórias de criança, atravessa toda a sua vida como um refrão, e trechos continuamente surgem no seu hábito ordinário de falar. Talvez o último aparecimento da sua linguagem especial ocorreu num incidente que sempre me pareceu intensamente impressionante, mas, de qualquer maneira, ilustra muito bem os grandes modos e gestos a que me refiro. Impressões dessa espécie são casos de imaginação e, nesse sentido, de gosto. É inútil argumentar a seu respeito, pois o ponto interessante é que passaram além das palavras; e, ainda quando as empreguem, parecem completar-se por um movimento ritual semelhante a uma bênção ou uma bofetada. Portanto, num supremo exemplo, existe alguma coisa muito acima de toda exposição, alguma coisa parecida com o movimento circular e poderosa sombra da mão que escurecia mesmo a escuridão do Getsêmani "Dormi agora e repousai-vos...". Entretanto, há quem tenha começado a parafrasear e expandir a história da Paixão.

São Francisco era um moribundo. Poderíamos dizer que era um homem velho, na ocasião em que ocorreu este incidente típico; de fato, porém, estava apenas envelhecido prematuramente, pois não tinha cinqüenta anos quando faleceu, exausto com a sua vida de lutas e de jejum. Quando, todavia, desceu do terrível ascetismo e da revelação mais terrível do Monte Alverno, ele era um homem destruído. Como ficará aparente quando estes acontecimentos forem tocados, chegada a sua vez, não se lhe obscureceu a vida somente por causa da enfermidade e decadência corporal; tinha recentemente sofrido o desapontamento na sua principal missão de por fim às Cruzadas com a conversão do Islão; já tinha ficado mais desapontado ainda ante os sinais de compromisso e um espírito de natureza mais política ou prática, dentro da sua própria ordem; despendera as suas derradeiras energias em protesto. Nesse passo, informaram-no de que estava ficando cego. Se aqui foi feita a mais ligeira alusão ao que São Francisco sentia em face da glória e da poesia do céu e da terra, da forma e da cor heráldicas, e do simbolismo das aves, dos animais e das flores, será fácil fazer uma idéia do que para ele significava o ficar cego. Não obstante, o remédio poderia bem ser pior do que o mal. O remédio, admitidamente algum remédio incerto, era a cauterização do olho; e isso sem anestesia alguma. Em outras palavras, montava a vazar-lhe as pupilas vivas por meio de uma ponta de ferro em brasa. Muitas das torturas do martírio, que ele invejara nos mártires – e que em vão buscara na Síria –, não poderiam ter sido piores. Quando retiram da fornalha o ferro rubro, ele se põe de pé, como que fazendo um gesto de cortesia a uma presença invisível: "Irmão fogo, Deus vos fez belo, forte e útil; sede gentil comigo, peço-vos."

Se existe isso que se chama arte de viver, parece-me que tal momento foi uma das suas obras-primas. Não são muitos os poetas a quem foi dado lembrar-se da própria poesia num momento como esse, e, ainda menos, viver um dos próprios poemas. Até William Blake teria ficado desconcertado, se, enquanto relesse o nobre verso, "Tigre, tigre, ardendo a brilhar", um tigre de bengala, em carne e osso, metesse o enorme focinho pela janela da cabana em Felpham, com a evidente intenção de decepar-lhe a cabeça. Poderia ter acenado ao animal, saudando-o delicadamente e, acima de tudo, completando calmamente a recitação do poema ao quadrúpede a que fora dedicado. Shelley, quando quisesse ser uma nuvem ou folha carregada pelo vento, poderia ter ficado brandamente surpreendido de se ver voltejando de cabeça para baixo, em pleno ar, a centenas de metros acima do mar. O próprio Keats, sabendo quão frágil o fio que o prendia à vida, poderia ter-de perturbado ao descobrir que a verdadeira e recatada Hipocrene do qual acabava de participar livremente continha, de fato, uma droga destinada a garantir que à meia-noite cessasse, sem dor, de existir. Para Francisco não houve droga; e para Francisco houve abundante dor. Mas o seu primeiro pensamento foi uma das primeiras fantasias das suas canções de mocidade. Ele se lembrou do tempo em que uma chama era uma flor, somente a mais gloriosa das flores de colorido festivo do jardim de Deus; e quando a coisa rutilante voltou a ele na forma de um instrumento de tortura, saudou-a de longe como velho amigo, chamando pelo apelido o que mui verdadeiramente se poderia chamar pelo nome de batismo.

Este é apenas um incidente de uma vida cheia deles; escolhi-o, em parte, porque mostra o que aqui se entende por essa sombra de gesticulação havida em todas as suas palavras, a gesticulação dramática do sul; e, em parte, porque a referência especial que faz à cortesia cobre o próximo fato a ser notado. O instinto popular de São Francisco e sua eterna preocupação com a idéia da irmandade serão completamente mal interpretados se forem compreendidos no sentido do que freqüentemente se tem chamado camaradagem; a camaradagem que costuma dar um tapinha nas costas. Freqüentemente da parte de inimigos, e demasiadas vezes da parte de amigos do ideal democrático, tem surgido a noção de que tal nota é necessária ao ideal. Presume-se que essa igualdade significa que todos os homens são igualmente incivis, enquanto evidentemente deveria significar serem todos os homens igualmente civis. Tais indivíduos se esqueceram da própria significação e derivação da palavra civilidade, já que não percebem que ser incivil é não ter civismo. Mas, de qualquer maneira, não foi essa a igualdade animada por Francisco de Assis, mas uma igualdade da feição oposta; era uma camaradagem fundada concretamente na cortesia.

Mesmo nas regiões feéricas da sua mera fantasia acerca de flores e animais, e até coisas inanimadas, ele reteve essa postura permanente de espécie de deferência. Um amigo meu se referiu a alguém como a espécie de homem que apresentava desculpa aos gatos. São Francisco realmente teria pedido desculpa a um gato. Quando prestes a pregar num bosque repleto do gorjeio das aves, ele dizia, com gesto atencioso: "Irmãzinhas, se já disseram agora o que tinham a dizer, é tempo que eu também seja ouvido." E todas as aves quedavam silenciosas; como eu, por exemplo, sou muito facilmente capaz de acreditar. Em deferência ao meu desígnio especial de tornar as questões inteligíveis à modernidade mediana, tratei separadamente do assunto dos poderes milagrosos que São Francisco, com toda certeza, possuiu. Mesmo pondo de parte os poderes milagrosos, há indivíduos dotados de influência magnética e intensamente interessados nos animais que, amiúde, têm demonstrado extraordinário poder sobre eles. O poder de São Francisco era sempre exercido com essa delicadeza elaborada. Muito dele era, sem dúvida, uma espécie de pilhéria simbólica, uma pantomima piedosa, coma intenção de transmitir a distinção vital na sua missão divina, que ele não somente amava mas também reverenciava Deus em todas as suas criaturas. Nesse sentido, ele tinha não apenas o ar de pedir desculpas aos gatos ou aos pássaros, mas também a uma cadeira, por sentar-se nela, ou a uma mesa, por sentar-se a ela. Quem quer que o tivesse acompanhado através da sua vida, no mero propósito de rir à sua custa, como uma espécie de lunático amável, poderia ter tido a impressão de um lunático que se curvava à frente de todo poste ou tirava o chapéu a toda árvore. Tudo isto fazia parte do seu instinto de gesto imaginativo. Ensinou ao mundo grande parte de sua lição por uma espécie de alfabeto mudo divino. Mas se entrou este elemento cerimonioso mesmo nas questões menores e menos importantes, a significação tornou-se muito mais séria nos trabalhos sérios da sua vida que constituíram um apelo à humanidade ou, melhor, aos seres humanos.

Declarei que São Francisco deixava deliberadamente de contemplar os bosques por se concentrar em cada árvore. É muito mais verdade que também deliberadamente ele não via a multidão por se concentrar nos homens. O que distingue este democrata extremamente genuíno de qualquer mero demagogo é o fato de nunca ter iludido nem deixado iludir-se pela sugestão da massa. Qualquer que fosse o seu gosto relativamente a monstros, ele nunca vira à sua frente uma besta de muitas cabeças. Via apenas a imagem de Deus multiplicada, porém nunca monótona. Para ele um homem era sempre um homem, e não desaparecia numa densa multidão, como não desapareceria num deserto. Honrava a todos os homens; isto é, não somente os amava, mas os respeitava a todos. O que lhe dava o seu extraordinário poder pessoal era que, desde o papa até o mendigo, desde o sultão da Síria no seu pavilhão até os salteadores esfarrapados rastejando pelo mato, nunca houve homem que tivesse olhado para dentro daqueles olhos castanhos ardentes sem ter tido a certeza de que Francisco Bernardone estava realmente interessado nele; na sua própria vida íntima individual desde o berço até o túmulo; que ele próprio estava sendo valorizado e levado a sério, ao invés de simplesmente somado ao espólio de alguma política social ou aos nomes de algum documento clerical. E, para esta particular idéia moral e religiosa, não se encontra expressão externa fora da cortesia. Exortação não é termo que a expresse, pois não se trata de mero entusiasmo abstrato; tampouco beneficência, pois não é mera piedade. Somente pode exprimir-se por certo modo grandioso, que se poderia denominar boas maneiras. Poderemos dizer, se quisermos, que São Francisco, na simplicidade nua e estéril de sua vida, se tinha apegado a um farrapo do luxo; às maneiras de uma corte. Entretanto, ao passo que numa corte se vê um rei e centenas de cortesãos, nesta história, vemos um cortesão e centenas de reis. Pois ele tratava a multidão de homens como uma multidão de reis. E era realmente, e verdadeiramente, a única atitude que fazia apelo à parte do homem à qual ele desejava apelar. Não se consegue dando ouro nem pão; pois, diz o provérbio, qualquer pândego pode lançar riquezas pelo simples desprezo. Nem se consegue dando tempo e atenção; pois numerosos filantropos e burocratas fazem isso com um desdém muitíssimo mais frio e horrível no coração. Não há planos nem propostas ou reajustamentos eficientes que devolvam a um homem humilhado o respeito de si mesmo e o senso de falar de igual para igual. Um gesto pode fazer isto.

Com esse gesto Francisco de Assis movia-se entre os homens; e logo foi observado que havia nele algo de magia e que operava, num sentido duplo, como encantamento. Mas deverá sempre ser compreendido como um gesto perfeitamente natural; pois, na verdade, era quase um gesto deprecatório. Deve-se imaginá-lo sutilmente em movimento através do mundo, com uma espécie de delicadeza impetuosa; quase como o movimento de um homem que dobra um joelho meio com pressa, meio em obediência. O rosto ansioso debaixo do capuz pardo era o de um homem sempre rumando a um destino, como se acompanhasse, tanto quanto o espreitava, o vôo dos pássaros. E esse sentido do movimento é, com efeito, o significado de toda a revolução que ele fez; pois a obra que agora cumpre ser descrita foi da natureza de um terremoto ou de um vulcão, uma explosão que impulsionou para fora com energia dinâmica todas as forças armazenadas durante dez séculos na fortaleza ou arsenal monástico, e espalhou todas as suas riquezas a esmo por todos os cantos da Terra. Num sentido melhor do que o que implica comumente a antítese, é verdadeiro dizer que o que São Bento acumulara, São Francisco espalhou; mas, no mundo das coisas espirituais, o que fora acumulado no celeiro como grãos foi espalhado sobre o mundo como sementes. Os servos de Deus, que tinham sido uma guarnição sitiada, converteram-se num exército em marcha; as estradas do mundo encheram-se como de trovoada com o pisar dos seus pés, e, bem à vanguarda da legião sempre crescente, ia um homem a cantar; tão simplesmente como cantara naquela manhã nos bosques de inverno, onde caminhara sozinho.

CAPÍTULO VII

As três ordens

Existe, sem dúvida, uma noção de que dois é bom, três é demais; porém também há uma noção que três é bom, quatro é demais, como se vê no desfile de figuras históricas e fictícias que se movem em três, como os trios famosos, quais os Três Mosqueteiros ou os Três Soldados de Kipling. Mas ainda existe outra noção, diferente, pela qual a companhia de quatro é boa ao passo que a de três não é, se empregarmos a palavra companhia no sentido mais vago de uma multidão ou massa de povo. Com a entrada do quarto concorrente na sombra de uma multidão, o grupo já não mais é de três indivíduos apenas, concebidos individualmente. Essa sombra da quarta pessoa pairou sobre a pequena ermida de Porciúncula quando um homem, de nome Egídio, aparentemente um pobre operário, foi convidado por São Francisco a entrar. Deu-se facilmente bem com o mercador e o cônego que já se tinham tornado companheiros de Francisco; mas, com a sua chegada, foi atravessada uma linha invisível; pois deve ter-se sentido nessa ocasião que o crescimento daquele pequeno grupo se tornara potencialmente infinito ou, pelo menos, que o seu limite ficara permanentemente indefinido. Pode ter sido na ocasião dessa transição que Francisco teve outro dos seus sonhos, animados de vozes; porém as vozes eram agora um clamor de línguas de todas as nações, franceses e italianos, ingleses, espanhóis e alemães falando da glória de Deus, cada qual na sua língua materna; novo Pentecostes e uma Babel mais feliz.

Antes de descrever os primeiros passos que ele deu para regularizar o grupo crescente, convém ter-se uma idéia geral de como ele concebia esse grupo. Não chamava monges aos seus seguidores; e não está esclarecido, pelo menos nessa ocasião, se mesmo pensasse neles como tais. Ele os chamava por um nome geralmente traduzido por Frades Menores; mas estaremos muito mais próximos da atmosfera da sua própria mente se traduzirmos quase literalmente por "os Irmãozinhos". Presume-se que ele já tivesse resolvido, de fato, que haveriam de fazer os três votos de pobreza, castidade e obediência, que sempre foram a marca distintiva de um monge. Mas pareceria que ele não temia tanto a idéia de um monge como a idéia de um abade. Receava que as grandes magistraturas espirituais que tinham comunicado até mesmo aos seus mais santos possessores ao menos uma espécie de orgulho impessoal e associado, fossem importar algum elemento de pompa que viesse estragar a sua versão extremamente singela, e quase extravagantemente simples, da vida de humildade. Mas a suprema diferença entre a sua disciplina e a disciplina do antigo sistema monástico referia-se, naturalmente, à idéia de que os monges deveriam tornar-se migratórios e quase nômades, ao invés de ficarem estacionários. Deveriam misturar-se com o mundo; e a isto o monge mais à moda antiga indagaria como havia de misturar-se com o mundo sem ficar emaranhado no mundo. Seria uma questão muito mais concreta do que uma religiosidade frouxa poderia compreender; mas São Francisco tinha a sua resposta para tal argumento, portador da sua própria característica; e a utilidade do problema jaz nessa resposta eminentemente individual.

O bom bispo de Assis manifestou uma espéciede horror pela vida estrênua dos Irmãozinhos em Porciúncula, sem conforto algum, sem haveres, comendo o que achassem e dormindo no chão. São Francisco respondeu-lhe com aquela sagacidade quase aturdidora que os sobrenaturais podem, às vezes, usar como uma clava de pedra; disse-lhe: "Se tivéssemos propriedade necessitaríamos de armas e de leis para defendê-la." Essa frase é a chave de toda a política adotada por ele. Baseava-se numa verdadeira peça de lógica; e a este respeito ele jamais deixou de ser lógico. Estava sempre pronto para confessar-se no erro sobre tudo o mais; todavia tinha absoluta certeza de estar certo com relação a esta regra particular. Somente uma vez o viram zangado; e foi quando houve rumor de uma exceção a essa regra.

Seu argumento era o seguinte: o homem dedicado pode ir aonde quer que seja, no meio de seja qual for a sociedade de homens, ainda que entre a pior espécie, uma vez que nada existe que o possa deter. Se tiver as ligações e as necessidades dos homens comuns, tornar-se-á um homem comum. São Francisco foi o último homem no mundo que pensasse mal dos homens comuns, pelo simples fato de serem comuns. Tiveram mais afeição e admiração da parte dele do que jamais terão probabilidade de receber novamente. Todavia, para o seu fim especial de acender no mundo um novo entusiasmo espiritual, ele viu, com clareza lógica bem reversa do fanatismo ou da sentimentalidade, que os frades não deviam tornar-se como homens comuns; que o sal não deve perder seu sabor mesmo convertendo-se no alimento diário da natureza humana. E a diferença entre um frade e um homem comum era que realmente o frade era mais livre do que o homem comum. Cumpria que fosse libertado do claustro; mas era ainda mais importante que se libertasse do mundo. É absolutamente sensato dizer que há uma noção segundo a qual o homem ordinário não se pode libertar do mundo, ou antes, não devia ser libertado do mundo. O mundo feudal, em particular, foi um labiríntico sistema de dependência; mas não foi apenas o mundo feudal que contribuiu para formar o mundo medieval, como não foi o mundo medieval que serviu para formar o mundo inteiro; e o mundo inteiro está cheio deste fato. A vida em família é, por sua natureza, tanto como a vida feudal, um sistema de dependência. As uniões comerciais modernas, tanto quanto os grêmios medievais, são dependentes entre si, mesmo no intuito de ser independentes dos outros. Na vida moderna, como na medieval, ainda quando essas limitações existam em prol da liberdade, têm em si consideravelmente o fator sorte. São, em parte, resultado de circunstâncias; às vezes, inevitavelmente quase conseqüência destas. Destarte o século XII fora uma era de votos; e havia qualquer coisa de liberdade relativa no gesto feudal do voto, pois ninguém pediria votos a um escravo como não os exigiria de uma enxada. Não obstante, na prática o indivíduo seguia para a guerra na defesa da antiga Casa da Coluna ou atrás do Grande Cão da Escada, grandemente porque tinha nascido em certa cidade ou região. Homem nenhum, contudo, precisava obedecer a Francisco na velha vestimenta parda, a não ser que o desejasse. Mesmo nas relações com o seu líder eleito ele estava, num sentido, relativamente livre, comparando-se com o mundo ambiente. Era obediente, mas não dependente. E era livre como o vento, e quase impetuosamente livre, nas suas relações com o mundo ao seu redor. O mundo à volta dele, como foi observado, era um emaranhado de dependência feudal, familiar e de outras formas. Toda a idéia de São Francisco se resumia nisto: os Irmãozinhos deviam ser como pequeninos peixes que pudessem mover-se livremente para dentro e para fora, por entre as malhas dessa rede. Poderiam fazer isso precisamente porque seriam peixinhos e, nesse sentido, peixinhos escorregadios. Nada havia por onde o mundo os pudesse prender; pois o mundo nos prende mormente pela fímbria da nossa veste, as exterioridades fúteis da nossa vida. Um dos franciscanos dissera mais tarde: "Um monge não deve possuir nada além da sua harpa", significando, a meu ver, que não deveria dar valor a nada senão a sua ode, com a qual era seu mister de trovador fazer serenata ao pé de todo castelo e palhoça, a canção do júbilo do Criador na sua criação, e da formosura da irmandade dos homens. Imaginando a vida desta espécie de visionário vagabundo, podemos já também conseguir um vislumbre do lado prático desse ascetismo que intriga os que se têm na conta de práticos. O homem teria necessidade de ser magro para poder sempre passar pelas grades da gaiola; tinha de peregrinar leve a fim de andar depressa e ir longe. Foi o cálculo todo, por assim dizer, dessa esperteza inocente, que o mundo deveria ser ladeado e confundido por ele, e ao mesmo tempo embaraçado quanto ao que fazer com ele. Não se poderia ameaçar de fome a um homem que perenemente se esforçava para jejuar. Não se poderia arruinar e reduzir à miséria quem já era mendigo. Havia uma satisfação muito indiferente até mesmo em espancá-lo com um pedaço de pau, pois que ele apenas se entregava a pequenos saltos e exclamações de alegria, porque a indignidade era a sua única dignidade. Não se lhe poderia meter a cabeça num baraço sem correr o risco de metê-la numa auréola.

Uma distinção, porém, entre os antigos monges e os novos frades contava especialmente na questão da prática e da presteza. As antigas fraternidades, com a sua resistência fixa e existência reclusa, tinham as limitações das habitações comuns. Por mais simplesmente que vivessem, devia haver certo número de celas ou determinado número de camas ou, ao menos, certa cubagem para um definido número de irmãos; e esse número dependia, naturalmente, do terreno e dos materiais de construção. Mas, desde que um homem pudesse fazer-se franciscano meramente prometendo aventurar-se a comer bagas na floresta ou pedir uma crosta à porta de uma cozinha, a dormir debaixo de uma sebe ou sentar-se pacientemente na soleira de uma porta, não existiria impedimento econômico a que houvesse ilimitado número de tais entusiastas excêntricos, no decurso de breve lapso de tempo. Também se deve lembrar de que todo o rápido desenvolvimento estava pleno de certo gênero de otimismo democrático que realmente era parte do caráter pessoal de São Francisco. Seu próprio ascetismo foi, num sentido, a culminação do otimismo. Exigia grande soma de natureza humana, não porque a detestasse, mas, ao contrário porque confiava nela. Esperava muita coisa dos homens extraordinários que o seguiam, contudo esperava igualmente muito dos homens ordinários aos quais eram enviados. Pedia aos seculares alimentação com a mesma confiança com que pedia jejum à fraternidade. Mas contava com a hospitalidade da humanidade porque realmente ele considerava cada casa como a residência de um amigo.

Efetivamente ele amou e honrou os homens ordinários e as coisas ordinárias; podemos, de fato, dizer que expedira os homens extraordinários para o fim de animar os homens a serem ordinários.

Este paradoxo poderá ser exposto ou explanado com a maior exatidão quando chegarmos a tratar da interessantíssima questão da Ordem Terceira, destinada a auxiliar os homens ordinários a serem ordinários com uma exultação extraordinária. O ponto em foco, no momento, é a audácia e simplicidade do plano franciscano de aquartelar a sua soldadesca espiritual no seio da população; não pela força, mas pela persuasão, e até pela persuasão da impotência. Foi um ato de confiança e, por conseguinte, um cumprimento. Teve o mais completo êxito. Foi um exemplo de algo que sempre brilhara na atmosfera de São Francisco; uma espécie de tato muito semelhante à sorte, pois era simples e direto como uma faísca elétrica. Contam-se muitos exemplos nas suas relações privadas deste tipo de tato sem tato, desta surpresa efetuada ao fazer vibrar o âmago da questão. Referem que um frade jovem estava sofrendo de certa irritação entre a morbidez e a humildade, coisa muito comum na mocidade e no culto dos heróis, segundo a qual entrara no seu cérebro a idéia de que o seu herói o odiava ou desprezava. Podemos imaginar o grande tato com que os diplomatas sociais conduziriam a salvo de cenas e estímulos, e os psicólogos observariam e manobrariam tais casos delicados. Francisco encaminhou-se subitamente para o jovem que, decerto, mantinha o segredo e silêncio de um túmulo a respeito do que sentia, e disse-lhe: "Não se aflija em seus pensamentos, porque me é caro, e até mesmo está no número dos que me são mais caros. Sabe ser digno da minha amizade e companhia; por conseguinte, venha a mim com confiança, sempre que quiser, e aprenda com a amizade a ter fé." Exatamente como ele falou àquele mórbido jovem, falou a toda a humanidade. Sempre se dirigiu incisivamente ao ponto; sempre parecia ao mesmo tempo mais acertado e mais simples do que a pessoa com quem falava. Parecia ao mesmo tempo abrir a sua guarda e, contudo, avançar sobre o coração.

Algo nessa atitude sempre desarmou o mundo como nunca mais este foi desarmado. Ele era melhor do que os outros homens; era benfeitor dos outros homens; entretanto, não era odiado. O mundo entrou na igreja por uma porta mais nova e mais próxima; e pela amizade aprendeu a ter fé.

Foi enquanto o pequeno punhado de homens em Porciúncula era ainda assaz diminuto para poder conter-se numa pequena sala, que São Francisco resolveu o seu primeiro golpe de importância, e até sensacional. Dizem que só havia doze franciscanos no mundo inteiro quando ele se decidiu a marchar, por assim dizer, sobre Roma e fundar uma ordem franciscana. Seria de supor que esse apelo a um quartel-general distante não fosse em geral julgado necessário; possivelmente qualquer coisa poderia ter sido feita num plano secundário sob os auspícios do bispo de Assis e do clero local. Pareceria, mesmo, muito mais provável que o povo pensasse talvez desnecessário incomodar o supremo tribunal do cristianismo pelo que meia dúzia de aventureiros alvitrasse denominar-se. Mas Francisco foi obstinado e, por assim dizer, cego nesse particular; e a sua brilhante cegueira foi excessivamente característica da sua personalidade. Um homem satisfeito com pequeninas coisas, ou até mesmo apaixonado pelas pequeninas coisas, ele todavia nunca sentira como nós a desproporção entre as coisas pequenas e as grandes. Ele nunca contemplara as coisas na escala dos nossos sentidos, mas numa desproporção vertiginosa que leva a mente a vacilar. Por vezes parece meramente o traçado vistoso de um mapa medieval colorido; e, então, novamente parece fugir de tudo como um atalho à quarta dimensão. Dizem ter feito uma viagem para entrevistar o imperador, entronado no meio dos seus exércitos sob a água do Santo Império Romano, no intuito de interceder pela vida de certas avezinhas. Ele seria bem capaz de enfrentar cinqüenta imperadores para interceder por uma ave única. Partiu com dois companheiros para converter o mundo maometano. Partiu com onze companheiros para pedir ao papa fazer um novo mundo monástico.

Inocêncio III, o grande papa, de acordo com Boaventura, passeava no terraço de São João de Latrão, sem dúvida revolvendo na mente os grandes problemas políticos que perturbavam o seu reinado, quando lhe surgiu inopinadamente à frente uma pessoa em traje campesino, que ele tomou por um pastor qualquer. Parece ter-se desembaraçado do pastor com toda a rapidez conveniente; possivelmente concebera que o pastor fosse um louco. Seja como for, diz o grande biógrafo franciscano, não pensou mais nisso até que sonhou, naquela noite, um sonho estranho. Imaginou ter visto todo o enorme templo antigo de São João de Latrão, em cujos terraços estivera passeando com tanta segurança, horrivelmente inclinado e retorcido contra o céu, como se todas as cúpulas e torres se curvassem à fúria de um terremoto. E, olhando de novo, viu que uma figura humana o sustinha erguido, qual uma cariátide viva; e essa figura era a do pastor esfarrapado ou camponês a quem dera as costas no terraço. Quer seja isso fato ou imagem, foi figura muito verdadeira da simplicidade abrupta com que Francisco alcançou a atenção e o favor de Roma. Seu primeiro amigo parece ter sido o cardeal Giovani di San Paolo, que pleiteou a idéia franciscana perante um conclave de cardeais convocados para esse fim. É interessante notar que as dúvidas lançadas parecem sobretudo ter versado sobre ser a regra demasiado dura para a humanidade, pois a Igreja Católica está sempre alerta contra o acetismo exagerado e os seus inconvenientes. Provavelmente quiseram dizer, especialmente quando o acharam indevidamente austero, que fosse indevidamente perigoso. Pois, certo elemento, que só pode ser chamado perigo, é o que caracterizava a inovação, comparando-se com instituições mais antigas do gênero. Num sentido, com efeito, o frade era quase o oposto do monge. O valor da antiga vida monástica estava nisto que era um repouso não somente ético, mas também econômico. Desse repouso procederam as obras pelas quais o mundo nunca será suficientemente grato, como a preservação dos clássicos, o começo do gótico, os esquemas da ciência e das filosofias, os manuscritos iluminados e o vidro colorido. O único ponto do monge era que os seus interesses econômicos estavam definitivamente assentados; sabia aonde ir para a sua ceia, embora fosse uma ceia excessivamente simples. E toda a questão com o frade é que não sabia onde pudesse achar a sua ceia. Sempre havia a possibilidade de ter de passar sem ela. Havia um elemento do que se poderia chamar romance, como no caso de um cigano ou de um aventureiro. Mas também há um elemento de tragédia potencial, como do mendigo ou do trabalhador avulso. Assim os cardeais do século XIII se encheram de compaixão, vendo um punhado de homens a entrar, de livre e espontânea vontade, num estado ao qual os pobres do século XX estão sendo diariamente impelidos pela fria coerção, e movidos pela política.

O cardeal San Paolo parece ter argumentado mais ou menos da seguinte forma: poderá ser vida árdua, porém, é, afinal, de contas, a vida aparentemente descrita como vida ideal no Evangelho; façam-se os acordos que acharem sábios ou humanos a respeito do ideal mas não se diga que não satisfaçam esse ideal os homens capazes de satisfazê-lo. Havemos de ver a importância desta argumentação, quando chegarmos a contemplar o conjunto do aspecto mais elevado da vida de São Francisco, que se pode denominar a imitação de Cristo. O resultado da discussão foi que o papa deu sua aprovação verbal ao projeto, prometendo endossá-lo mais definitivamente, caso o movimento tomasse vulto mais considerável. É provável que Inocêncio, ele próprio um homem de mentalidade invulgar, pouca dúvida tivesse de que tal se daria; de qualquer maneira ele não teve de esperar muito tempo na dúvida. A passagem seguinte da história da ordem é a relação de mais e mais gente que acorria ao seu estandarte; e, como já foi dito, uma vez começado a desenvolver-se, podia pela sua natureza crescer muito mais rapidamente do que qualquer outra sociedade comum, exigindo fundos comuns e edifícios públicos. A própria volta dos doze pioneiros, depois da audiência do papa, parece ter sido uma espécie de procissão triunfal. Numa localidade em particular, dizem, toda a população da cidade, homens, mulheres e crianças, saíra à rua, deixando exatamente como estavam a casa, o trabalho e os haveres, e pedindo sua admissão imediata no exército de

Deus. De acordo com a história, foi nessa ocasião que São Francisco teve o primeiro clarão da idéia da Ordem Terceira, a qual permitiria aos homens tomarem parte no movimento, sem ter de abandonar os lares e os hábitos da humanidade normal. Para o momento, é muito importante encarar-se esta história como um exemplo do tumulto de conversão que já estava enchendo todas as estradas da Itália. Foi um mundo de peregrinação; frades perpetuamente indo e vindo por todas as ruas e vielas, procurando assegurar que todo homem que os encontrasse por acaso tivesse uma aventura espiritual. A Ordem Primeira de São Francisco tinha entrado na história.

Este ligeiro esboço só pode cingir-se aqui a uma descrição das Ordens Segunda e Terceira, se bem que fundadas mais tarde, e em épocas distintas. A Segunda era uma ordem para mulheres, e teve sua existência, naturalmente, graças à linda amizade de São Francisco por Santa Clara. Não existe outra história sobre a qual, mesmo os críticos mais simpáticos de outro credo, tivessem manifestado maior confusão e desorientação. Pois não há história que se volte mais claramente sobre o teste simples que tomei como crucial em toda esta crítica. Quero dizer que o que falta a estes críticos é acreditarem na possibilidade de um amor celestial tão concreto como o amor terrestre. Desde o momento em que se trate como realidade, como um amor terreno, facilmente se resolve todo o enigma. Uma jovem de dezessete anos, chamada Clara, e pertencente a uma das famílias mais nobres de Assis, encheu-se de entusiasmo pela vida conventual; e Francisco auxiliou-a a fugir da casa paterna para entrar no convento. Se quisermos expressá-lo assim, poderemos dizer que ajudou a moça a evadir-se para o claustro, desafiando os pais dela como desafiara o seu. Realmente a cena tivera muitos dos fatores regulares em torno de uma evasão romântica; pois fugira por um buraco do muro, correra para um bosque e fora recebida à meia-noite à luz de archotes. A própria Sra. Oliphant, na finura e delicadeza do seu estudo sobre São Francisco, diz: "É um incidente que dificilmente podemos registrar com satisfação."

Ora, com relação a tal incidente, direi apenas isto. Se tivesse efetivamente sido uma fuga romântica, e a moça se tornado esposa, ao invés de freira, praticamente o mundo inteiro de hoje a teria convertido em heroína. Se o ato do frade com relação a Clara fosse o mesmo do frade com relação a Julieta, todos teriam simpatia por ela, da mesma forma como têm simpatia por Julieta. Não tem significação dizer-se que Clara contava só dezessete anos. Julieta não tinha mais do que catorze. Moças casavam-se, e rapazes entravam em combate nessa idade prematura, nos tempos medievais; e uma jovem de dezessete anos no século XIII tinhai dade bastante para saber o que fazia. Não pode haver sombra de dúvida, para qualquer pessoa sensata que considere acontecimentos subseqüentes, sobre Santa Clara ter ou não consciência do que fazia. Mas o ponto, no momento, é que o romantismo atual anima integralmente semelhante desafio aos pais, quando lançado em nome do amor romântico; pois sabe ser uma realidade o amor romântico, ao passo que ignora que é o amor divino. Pode ter havido qualquer coisa que dizer pelos pais de Clara, como pode ter havido qualquer coisa que dizer por Pedro Bernardone. Da mesma forma, pode ter havido muito que dizer pelos Montecchio ou pelos Capuleto; todavia o mundo moderno não quer que o digam; e não se diz. O fato é que, logo que considerarmos um momento como hipótese o que São Francisco e Santa Clara sempre consideraram como coisa absoluta, isto é, que existe uma relação divina direta, mais gloriosa do que qualquer romance, veremos que a história da fuga de Santa Clara é simplesmente um romance que teve final feliz; e São Francisco foi o São Jorge ou cavaleiro noturno que lhe deu o final feliz. E, vendo que milhões de homens e mulheres viveram e morreram acreditando na realidade dessa relação, nenhum homem poderá supor-se filósofo, se, ao menos, não puder tomá-la por hipótese.

Quanto ao resto, podemos pelo menos supor que amigo algum disso que se chama a emancipação da mulher haverá de lamentar a revolta de Santa Clara. Ela viveu o mais verdadeiramente, na confusão moderna, a sua própria vida, a vida que ela mesma escolhera, diferente da vida à qual as imposições paternas e arranjos convencionais a teriam impelido. Tornou-se a fundadora de um grande movimento feminino que ainda afeta profundamente o mundo; e o lugar dela se acha entre as mulheres poderosas da história. Não está esclarecido se ela teria sido vulto tão grande ou útil se tivesse feito uma evasão de amor comum ou, ainda, se houvesse ficado em casa para um *mariage de convenance*. Este tanto poderia dizê-lo qualquer pessoa sensata considerando o aspecto meramente exterior; e não é minha intenção tentar considerar-lhe o aspecto interior. Se um homem puder bem duvidar de ser digno de escrever uma palavra a respeito de São Francisco, ele certamente carecerá de palavras melhores do que as suas próprias para falar da amizade entre São Francisco e Santa Clara. Tenho amiúde observado que os mistérios desta história se representarão melhor simbolicamente, em certas atitudes e ações silenciosas. E não sei de símbolo mais conveniente do que o encontrado pela felicidade da lenda popular, conforme a qual, certa noite, o povo de Assis, supondo haver incêndio nas árvores e na casa sagrada, precipitara-se para extinguir a conflagração. Mas acharam tudo quieto dentro, São Francisco partindo pão com Santa Clara num dos seus raros encontros, e falando sobre o amor de Deus. Seria difícil descobrir-se imagem mais imaginativa para uma espécie de paixão tão inteiramente pura e incorpórea, do que a auréola em torno das duas figuras inconscientes na colina; uma chama alimentando-se de nada, mas lançando em fogo a própria substância do ar.

Mas se a Ordem Segunda foi o memorial desse amor extra-terreno, a Ordem Terceira foi um sólido memorial de uma simpatia muito sólida pelos afetos terrenos e pelas vidas terrenas. O todo desta característica da vida católica, as ordens leigas em contato com as ordens clericais é muito mal compreendido nos países protestantes e muito pouco considerado na história protestante. A visão de que se fez nestas páginas uma imagem tão vaga, nunca esteve adstrita a monges, e nem mesmo a frades. Tem sido a inspiração de multidões incontáveis de homens e mulheres em matrimônio, vivendo a mesma vida que nós, só que totalmente diversa. Aquela glória matinal que São Francisco espalhou sobre a terra e pelo céu, tem perdurado como luz solar secreta sob uma multidão de tetos e dentro duma multidão de aposentos. Nas sociedades como a nossa nada se sabe de tal seqüência franciscana. Nada se conhece de tão obscuros seguidores; e se isto for possível, menos se sabe a respeito dos mais conhecidos seguidores. Se imaginarmos passando por nós, na rua, um cortejo da Ordem Terceira de São Francisco, as figuras famosas nos causarão maior surpresa do que as estranhas. Para nós seria como o desmascaramento de alguma poderosa sociedade secreta. Lá passaria São Luís, o grande rei, senhor da mais alta justiça, cuja balança se inclina a favor dos pobres. Lá, Dante, coroado de louros, o poeta que em sua vida de paixões canta o elogio da Senhora Pobreza, cuja veste cinzenta vai forrada de púrpura e toda gloriosa interiormente. E toda sorte de nomes eminentes é que se observaria, desde os séculos mais recentes e racionalistas; o grande Galvani, por exemplo, pai de toda a eletricidade, o mago que produziu tantos sistemas modernos de estrelas e de sons. Bastaria a variedade desse acompanhamento para demonstrar que a São Francisco não faltou a simpatia dos homens normais, se a sua própria existência já não fosse suficiente para isso.

De fato, porém, sua existência o demonstrou, e isso possivelmente em sentido mais sutil. Suponho haver certa verdade na sugestão de um dos seus biógrafos modernos, de que mesmo as suas paixões naturais foram singularmente normais, e até nobres, no sentido de se voltarem para as coisas não ilícitasem si mesmas, porém, apenas ilícitas para ele. Nunca viveu ninguém de quem pudéssemos com menos adequação empregar a palavra "lamento" do que Francisco de Assis. Conquanto muito houvesse que era romântico, nada houve nas suas maneiras que tivesse a mínima sentimentalidade. Não era suficientemente melancólico para isso. Tinha um temperamento demais expedito e arrojado para perturbar-se com dúvidas e reconsiderações em torno da corrida que estava fazendo, embora se afligisse de não correr mais depressa. Mas é verdade, pode-se supor, que, quando lutou com o demônio, como todo homem deve fazê-lo para merecer o nome de homem, os comentários referiam-se principalmente aos instintos sadios que ele teria aprovado em outros; não tinham semelhança alguma à pintura do paganismo lívido que enviara seus cortesãos demoníacos a atormentar Santo Antão no deserto. Se São Francisco tivesse apenas agradado a si próprio, teria sido com prazeres mais simples. Ele comoveu-se pelo amor, antes que pela lascívia, e por nada mais selvagem que os sinos nupciais. Infere-se da história estranha de como desafiou o demônio, fazendo imagens na neve e afirmando que essas lhe bastavam por esposa e família. Infere-se das palavras que proferiu, quando alegou não ter segurança alguma contra o pecado: "Ainda poderei ter filhos"; quase como se o sonho fosse mais para o lado dos filhos do que o da mulher. E isso, se for verdade, imprime um cunho final à verdade sobre o seu caráter. Nele havia tanto desse espírito matinal, tanto que era curiosamente jovem e limpo, que mesmo as coisas más, nele pareciam boas. E como se diz de outros que a luz do corpo era escuridão, dele pode se dizer que esse espírito luminoso dava luz até às próprias sombras da sua alma. O próprio mal não o poderia ter acometido a não ser na forma de algum bem proibido; e ele só podia ser tentado por um Sacramento.

CAPÍTULO VIII

O espelho de Cristo

Homem algum que tenha recebido a liberdade da fé corre o risco de incidir nas secretas extravagâncias com que franciscanos degenerados subseqüentes, ou antes os Fraticelli, procuraram concentrar-se inteiramente ao redor de São Francisco qual um segundo Cristo, o criador de um novo evangelho. Com efeito, toda noção semelhante reduz a contra-senso todos os motivos da vida do homem; pois nenhum homem ampliaria reverentemente aquilo que lhe competira rivalizar, ou somente professar seguir o que existia para suplantar. Ao contrário, como se evidenciará mais tarde, este pequeno estudo insiste especialmente nisto que foi realmente a sagacidade papal que salvou para o mundo todo e para a igreja universal o grande movimento franciscano, impedindo-o de transviar-se numa seita estéril de segunda categoria, chamada uma nova religião. Tudo quanto foi escrito aqui deve ser entendido não somente como distinto, mas diametralmente oposto à idolatria dos Fraticelli. A diferença entre Cristo e São Francisco era a diferença entre o Criador e a criatura; e certamente criatura alguma jamais foi tão consciente desse colossal contraste como o próprio São Francisco. Mas, sujeito a este entendimento, é perfeitamente verdadeiro e vitalmente importante dizer-se que Cristo foi o modelo pelo qual São Francisco procurou pautar-se; e que, em muitos pontos, a vida humana e histórica de ambos têm coincidências curiosas; mas, acima de tudo, que, comparado à maioria de nós, pelo menos, São Francisco é a mais sublime aproximação ao Mestre, e, ainda sendo um intermediário e um reflexo, é todavia um esplêndido e misericordioso espelho de Cristo. E esta verdade sugere outra que, ao meu ver, quase não foi notada, apesar de ser um argumento poderosíssimo para a autoridadede Cristo ser contínua na Igreja Católica.

O cardeal Newman escreveu, na sua mais viva obra de controvérsia, uma frase que poderia ser o modelo do que significa dizermos que o seu credo tende à lucidez e coragem lógica. Falando da facilidade com que a verdade pode ser levada a parecer-se com a sua própria sombra ou inverdade, ele disse: "E se o Anticristo for como Cristo, Cristo, suponho então, é como o Anticristo." O mero sentimento religioso bem poderia chocar-se com o fim da frase; mas ninguém poderia objetar, exceto o lógico que disse que César e Pompeu eram muito parecidos, especialmente Pompeu. Poderá chocar muito mais brandamente se eu disser aqui o que a maioria de nós esqueceu, isto é, que se São Francisco era como Cristo, Cristo era, a esse ponto, como São Francisco. E meu ponto presente é que é realmente assaz iluminante compreender-se que Cristo foi como São Francisco. O que quero dizer é isto: se os homens encontram certos enigmas e ditos severos na história da Galiléia, e acham na história de Assis a chave desses enigmas, isso realmente revela que um segredo foi transmitido numa tradição religiosa e em nenhuma outra. Mostra que o cofre encontrado fechado na Palestina poderá ser aberto na Úmbria; pois a Igreja é a detentora da chave.

Ora, na verdade, enquanto tem sempre parecido natural explicar-se São Francisco à luz do Cristo, não ocorreu a muitos explicarem Cristo à luz de São Francisco. Talvez a palavra "luz" não seja aqui a metáfora conveniente; mas a mesma verdade é admitida na metáfora aceita do espelho. São Francisco é o espelho de Cristo, como a lua é o espelho do sol. A Lua é muito menor do que o sol, mas também se acha muito mais próxima de nós; e sendo menos vívida é mais visível. Exatamente no mesmo sentido, São Francisco está mais perto de nós, e, sendo simplesmente um homem como nós, é, nesse sentido, mais imaginável. Sendo necessariamente menos que um mistério, ele não abre tanto, para nós, a sua boca com mistérios. Entretanto, como questão de fato, muitas coisas menores, que parecem mistérios na boca de Cristo, pareceriam simples paradoxos característicos na de São Francisco. Parece natural reler os episódios mais remotos com o auxílio dos mais recentes. É truísmo dizer que Cristo viveu antes do cristianismo; segue-se que, como figura histórica, Ele é figura da história pagã. Quero dizer que o ambiente em que se moveu não foi o ambiente da cristandade, e sim o antigo império pagão; e desse fato apenas, sem mencionar a distância do tempo, segue-se que as suas circunstâncias são mais estranhas a nós do que as de um monge italiano, tal como poderíamos ainda hoje encontrar. Suponho que o comentário mais autorizado quase não pode ter certeza do peso corrente ou convencional de todas as suas palavras e frases; de quais delas teria parecido então uma alusão comum, e de quais alguma fantasia estranha. Essa fixação arcaica deixou muitos ditos parecendo hieróglifos e sujeitos a muitas interpretações peculiares e individuais. Contudo, é exato que quase qualquer deles, traduzido simplesmente no dialeto úmbrico dos primitivos franciscanos, pareceria como qualquer outra parte da história franciscana; sem dúvida, em sentido fantástico, todavia bastante familiar. Toda espécie de crítica de controvérsia tem revolvido em torno da passagem que exorta os homens a considerar os lírios dos campos e copiá-los nisso de se não preocuparem com o dia seguinte. O cético tem alternado entre dizer-nos para sermos verdadeiros cristãos e praticá-lo, e explicar-nos que é impossível fazê-lo. Quando se trata de comunista, ao mesmo tempo que ateu, ele fica geralmente em dúvida se nos há de censurar por pregarmos o que é impossível ou por não o pormos imediatamente em prática. Não vou discutir aqui o ponto da ética e da economia; simplesmente faço observar que mesmo aqueles que se vêem perplexos ante o dito de Cristo, quase não hesitariam em aceitá-lo como palavras de São Francisco. Ninguém se surpreenderia de saber que ele dissera: "Imploro-vos, irmãozinhos, sede sábios como o irmão dente-de-leão e a irmã margarida-dos-prados; pois nunca ficam acordados apensar no dia de amanhã, entretanto, têm coroas de ouro como os reis e os imperadores, ou como Carlos Magno em toda a sua glória." Ainda maior rancor e confusão tem havido por causa da ordem de oferecer a outra face e dar também a túnica ao ladrão que levou a capa. Considera-se isto largamente uma alusão à perversidade da guerra entre as nações, a respeito da qual, propriamente dita, não parece ter sido proferida uma única palavra. Tomado assim literalmente, e de maneira universal, implica de forma muito mais clara na perversidade de toda lei e governo. Existem, portanto, muitos pacificadores prósperos que se chocam muito mais com a idéia de usar a força bruta dos soldados contra um estrangeiro poderoso, do que com a de empregar a força bruta dos policiais contra um pobre concidadão. Aqui, novamente, satisfaço-me em assinalar que o paradoxo se torna perfeitamente humano e provável, se dito por Francisco aos franciscanos. Ninguém ficaria espantado quando lesse que o Irmão Junípero correu, de fato, atrás do ladrão que lhe roubara o capuz e implorara que também lhe levasse a veste; pois assim ordenara São Francisco. Ninguém experimentaria surpresa se São Francisco dissesse a algum jovem nobre, prestes a ser admitido na sua companhia, que, longe de ir ao encalço do larápio, a fim de recuperar os sapatos, ele devia correr-lhe atrás para fazer-lhe ficar também com as meias. Podemos gostar ou deixar de gostar da atmosfera que estas coisas implicam; mas sabemos que tipo de atmosfera implicam. Reconhecemos certa nota natural e clara como a nota de uma ave; a nota de São Francisco. Há nisso qualquer coisa de um motejo suave no tocante à própria idéia da posse de haveres; qualquer coisa de uma esperança de desarmar o inimigo pela generosidade; qualquer coisa do senso de humorismo de embaraçar o mundo em face do inesperado; qualquer coisa da alegria de levar uma convicção entusiástica a um extremo lógico. Mas, seja como for, não encontramos dificuldade em reconhecê-lo, desde que tenhamos lido qualquer literatura sobre os Irmãozinhos e sobre o movimento que teve início em Assis. Parece razoável inferir-se que, se fora esse o espírito que tornara possíveis na Úmbria tantas coisas estranhas, terá sido o mesmo espírito que as tornara possíveis na Palestina. Se ouvirmos a mesma nota inconfundível e sentirmos o mesmo indescritível sabor em duas coisas tão afastadas uma da outra, parecerá natural supormos que o caso mais distanciado da nossa experiência fosse idêntico ao caso mais avizinhado da nossa experiência. Explicando-se a coisa com a suposição de que Francisco falasse a franciscanos, não seria irracional uma explicação sugerida nisso que também Cristo se dirigia a um bando dedicado, que tinha muito da mesma função dos franciscanos. Em outras palavras, só parece natural manter-se, como o tem mantido a Igreja Católica, que tais conselhos de perfeição faziam parte de uma vocação especial destinada a assombrar e despertar o mundo. Em todo caso, o importante é notar que sempre que se nos deparam essas características particulares, em sua adequação aparentemente fantástica, reaparecendo depois de mais de mil anos, verificamos que são produzidas pelo mesmo sistema religioso que alega continuidade e autoridade das cenas em que apareceram originariamente. Qualquer número de filosofias repetirá as vulgaridades do cristianismo. Porém é a antiga igreja que poderá novamente assombrar o mundo com os paradoxos do cristianismo. *Ubi Petrus ibi Franciscus.*

Mas, se compreendermos que foi verdadeiramente pela inspiração do seu divino Mestre que São Francisco praticou esses atos de caridade de mera esquisitice ou excentricidade, deveremos também compreender que foi pela mesma inspiração que ele praticou atos de abstenção e austeridade. Claro está que essas parábolas mais ou menos galhofeiras do amor dos homens foram concebidas depois de um estudo escrupuloso do Sermão da Montanha. Mas é evidente que ele fez outro estudo ainda mais escropuloso do sermão silencioso de outra montanha, a montanha chamada Gólgota. Aqui, outra vez, estava falando a estrita verdade histórica quando disse que, pelo jejum e sofrimento de humilhação, ele apenas tentava experimentar fazer um pouco do que o Cristo tinha feito; e novamente aqui, parece provável que, visto a mesma verdade aparecer nas duas extremidades de uma cadeia de tradição, por essa mesma tradição conservou--se a verdade. Mas no momento, o alcance deste fato afeta a próxima fase da história pessoal do próprio homem. Pois, à medida que se torna mais claro que o seu grande plano comunal é um fato consumado e além do risco de um colapso prematuro, à medida que se faz evidente a existência, já, de coisa semelhante a uma Ordem dos Frades Menores, emerge cada vez mais esta ambição mais individual e intensa de São Francisco. Tão logo ele certamente tenha seguidores, não se compara com eles, perante os quais poderia aparecer como mestre; mas se compara, cada vez mais, com o seu Mestre, perante o qual somente parece um servo. Isto, seja dito de passagem, é uma das conveniências morais, e mesmo práticas, do privilégio ascético. Toda outra espécie de superioridade poderá ser arrogância. Porém, o santo nunca é arrogante, pois, de suposto, está sempre na presença de um superior. A objeção a uma aristrocacia é que é um sacerdócio sem Deus. De qualquer forma, contudo, o serviço a que São Francisco se entregara era um que, nessa ocasião aproximadamente, ele concebia cada vez mais em termos de sacrifício e crucificação. Estava cheio do sentimento de não ter sofrido bastante para ser digno de ser, mesmo de longe, um seguidor do seu Deus sofredor. E esta passagem na sua história pode ser realmente sintetizada como a Procura do Martírio.

 Foi essa a idéia última, na notável questão da sua expedição entre os sarracenos da Síria. Havia, sem dúvida, nessa concepção, outros elementos dignos de mais compreensão inteligente do que têm freqüentemente recebido. Sua idéia, naturalmente fora trazer as Cruzadas ao seu término num sentido duplo, isto é, chegar ao seu fim e conseguir o seu propósito. Só que ele desejava consegui-lo pela conversão, ao invés de pela conquista, isto é, pelos meios intelectuais, ao contrário dos materiais. A mente moderna é difícil de contentar-se, e geralmente chama feroz ao processo de

Godofredo e fanático ao de Francisco. Isto é, chama inexeqüível a todo método moral, depois de acabar de chamar imoral a todo método prático. Mas a idéia de São Francisco estava longe de ser fanática ou até, necessariamente, uma idéia não prática, embora talvez visse o problema como se fora demasiado simples, faltando-lhe a cultura do seu grande herdeiro, Raimundo Lúlio, que compreendia mais e, no entanto, foi tão pouco compreendido. O modo pelo qual se acercou da questão foi, realmente, muito pessoal e peculiar, porém isso é verdade de quase tudo quanto realizou. Foi, de certo modo, uma idéia simples, como simples eram geralmente as suas idéias. Mas não foi uma idéia maluca; houve muito que dizer a seu favor, e bem poderia ela ter vingado êxito. Decerto, foi simplesmente a idéia de que era melhor criar cristãos do que destruir muçulmanos. Se o Islão tivesse sido convertido, o mundo teria ficado incomensuravelmente mais unido e mais feliz; entre outras coisas, três quartos das guerras da história moderna nunca teriam ocorrido. Não era absurda a suposição de que tal se pudesse verificar, sem o concurso da força militar, pelos missionários que foram também mártires. A Igreja tinha conquistado a Europa desse modo, e, desse modo, poderia ainda conquistar a Ásia ou a África. Mas, depois de se dar consideração a tudo isso, existe ainda outro sentido, no qual São Francisco não pensava no martírio como um meio para se chegar a um fim, mas quase como sendo em si mesmo uma finalidade; no sentido de que, para ele, o fim supremo era chegar-se bem próximo ao exemplo do Cristo. Através do decurso de todos os seus dias de dificuldades e desassossego, ouvia-se o refrão: "Não tenho sofrido bastante; não me tenho sacrificado bastante; ainda não sou digno de ser nem a sombra da coroa de espinhos". Vagueava pelos vales do mundo procurando ver a colina com a forma de um crânio.

Pouco antes da partida final para o Oriente, reunira-se perto de Porciúncula uma vasta e triunfante assembléia da ordem inteira, chamada Assembléia das Choças de Palha, por causa da instalação desse poderoso exército no campo. Reza a tradição que foi nesse momento que São Francisco se encontrou com São Domingos pela primeira e última vez. Também diz, o que é bastante provável, que o espírito prático do espanhol ficara um tanto horrorizado com a irresponsabilidade devota do italiano, que tinha reunido semelhante multidão, sem organizar um comissariado. Domingos, o espanhol, como quase todos os espanhóis, era um homem com mente de soldado. Sua caridade assumia a forma prática do aprovisionamento e da preparação. Mas, afora as disputas acerca da fé, animadas por tais incidentes, ele provavelmente não compreendera, neste caso, o poder da mera popularidade sobre a mera personalidade. Em todos os seus saltos no escuro, Francisco teve a extraordinária faculdade de sempre cair de pé. Toda a população do campo desceu qual um desmoronamento de terra, a trazer abastecimento de comida e bebida para aquela espécie de piedoso convescote. Os camponeses levaram carroças de vinho e caça; grandes nobres andavam à volta, fazendo o trabalho de lacaios. Fora uma verdadeira vitória para o espírito franciscano, de uma fé sem limites não somente em Deus, mas também no homem. Naturalmente corre muita dúvida, e muito se discute toda a história e toda a relação entre Francisco e Domingos; e a história da Assembléia das Choças de Palha é contada sob o ponto de vista franciscano. Mas a reunião referida merece menção precisamente porque foi imediatamente antes de São Francisco partir na sua cruzada sem sangue, que dizem ter-se encontrado com São Domingos, tão criticado por prestar-se a uma de caráter mais sanguinolento. Não há espaço, neste pequeno livro para explicar como São Francisco, tanto quanto São Domingos, teria finalmente defendido pelas armas a unidade cristã. Realmente seria necessário um grosso volume para conter o desenvolvimento só desse ponto, desde os seus primórdios. Para a mente moderna é meramente uma lacuna sobre a filosofia da tolerância; e o agnóstico mediano dos tempos atuais não tem noção alguma do que ele quisesse dizer com igualdade e liberdade religiosa. Tomou a sua própria ética por evidente, e forçou a sua aplicação; tal como a decência ou o erro da heresia adamita. Então ficaria horrivelmente chocado se ouvisse outra pessoa, muçulmana ou cristã, tomar a sua ética por evidente e forcá-la; tal como a reverência ou o erro da heresia ateística. Então rematou, tomando este ilogismo de o inconsciente encontrar o que não é familiar, e chamou-a liberalidade do seu próprio espírito. Os medievais achavam que, se um sistema social fosse fundado com base em certa idéia, ele devia combater por essa idéia, fosse ela simples como o Islão ou cuidadosamente equilibrada como o catolicismo. Os modernos acham, realmente, a mesma coisa, como se manifesta claramente quando os comunistas atacam as suas idéias de propriedade. Só que não acham tão claro, porque na realidade não planejaram a sua idéia da propriedade. Mas, enquanto é provável que São Francisco tivesse concordado relutantemente com São Domingos, nisso que a guerra pela verdade estaria bem como último recurso, é certo que São Domingos concordou com São Francisco, entusiasticamente, em como era muito melhor prevalecer-se da persuasão e do esclarecimento, sempre que possível. São Domingos dedicou-se muito mais a persuadir do que a perseguir; porém, havia uma diferença nos métodos, simplesmente porque havia uma diferença nos homens. Em tudo que São Francisco fazia, havia qualquer coisa, em bom sentido, infantil, e, até, em bom sentido, voluntariosa. Atirava-se às coisas abruptamente, como se a idéia lhe ocorresse no momento. Fez a sua investida para o empreendimento do Mediterrâneo com ar de um colegial que fugisse para o mar.

No primeiro ato dessa tentativa ele distinguiu-se caracteristicamente, tornando-se o Santo Patrono dos Clandestinos. Não cogitou de esperar pelas recomendações ou negociações, ou qualquer auxílio com que já podia contar da parte de pessoas ricas e de responsabilidade. Ele, simplesmente, vendo um barco, meteu-se nele como se metera em tudo o mais. Tem todo esse ar de corrida, que faz de toda a sua vida uma semelhança de escapada ou, mesmo literalmente, uma fuga. Deitou-se como um fardo entre as bagagens, ao lado de um companheiro que arrastara consigo no seu ímpeto; mas a viagem foi, aparentemente, inditosa e errática, terminando no seu regresso forçado à Itália. Aparentemente, foi após esta primeira partida falsa que se verificou a grande reunião de Porciúncula, e entre esta e a viagem final para a Síria, houve também uma tentativa de enfrentar a ameaça muçulmana pregando aos mouros na Espanha. Na Espanha, com efeito, diversos dos primeiros franciscanos já tinham encontrado êxito glorioso no martírio. Mas o grande Francisco ainda caminhava de braços abertos à procura de semelhantes tormentos, e desejando em vão essa agonia. Ninguém teria dito mais prontamente do que São Francisco que ele era talvez menos semelhante a Cristo do que os outros que já haviam subido ao seu Calvário; mas o fato se escondia no peito dele como um segredo; a mais estranha de todas as angústias de um homem.

Sua viagem subseqüente teve melhor ventura, em tanto quanto diga respeito a chegar-se ao teatro das operações. Alcançou o quartel general da Cruzada, à frente da cidade sitiada de Damietta, e prosseguiu na sua maneira expedita e solitária à procurado quartel-general dos sarracenos. Conseguiu obter uma audiência do sultão, e foi então, nessa entrevista, que evidentemente se ofereceu, e, como alguns afirmam, começando a pô-lo em ato, a lançar-se na fogueira como provação divina, desafiando os mestres religiosos molesmes a fazer o mesmo. É coisa absolutamente certa que ele teria levado a cabo o gesto. Com efeito, lançar-se às chamas era, de qualquer forma, ato quase tão desesperado como lançar-se contra as armas e instrumentos de tortura de uma falange de maometanos fanáticos, pedindo-lhes renunciarem a Maomé. Dizem, mais, que os sumos sacerdotes mostraram certa frieza em face da competição proposta, e que um deles se afastou tranqüilamente durante a discussão; o que também pareceria crível. Entretanto, não importa por que razão, Francisco voltou tão livremente quanto tinha ido. Pode haver qualquer coisa na história da impressão individual causada sobre o sultão, a qual o narrador representa como uma espécie de conversão secreta. Pode haver qualquer coisa na sugestão de que o santo homem estivesse protegido inconscientemente no meio dos semibárbaros orientais pela auréola da santidade que se supõe em certos lugares circundar o imbecil. Existe, provavelmente, tanto ou mais na explicação generosa daquela cortesia e compaixão graciosas, porém caprichosas, que se mesclavam com as características mais selvagens naqueles soldões suntuosos do tipo e da tradição de Saladino. Finalmente, há, talvez, algo na sugestão de que a história de São Francisco podia ser contada como uma espécie de ironia da tragédia e comédia chamada "O homem que não podia ser morto". Os homens gostavam demais dele para consentirem que morresse pela fé; e o indivíduo era recebido, em vez da mensagem que levava. Mas, tudo isto é apenas suposição e conjeturas em torno do grande esforço que é difícil julgar-se, por isso que se interrompeu abruptamente como os primeiros lançamentos de uma ponte que poderia ter ligado o Oriente ao Ocidente, e permanece como uma das grandes oportunidades perdidas da história.

Enquanto isso, o grande movimento avançava na Itália a passos de gigante. Apoiado, agora, pela autoridade do papa, tanto como pelo entusiasmo do povo, e criando uma espécie de camaradagem entre todas as classes, tinha provocado uma convulsão reconstrutiva em todos os lados da vida religiosa e social; e começou especialmente a expressar-se com o entusiasmo pela construção, que é a marca de todas as ressurreições da Europa ocidental. Fora estabelecida notavelmente em Bolonha uma sede magnífica da missão dos Frades Menores e um vasto contigente deles e de simpatizantes cercou a em coro de aclamação. Sua unanimidade sofrera uma estranha interrupção. Somente um indivíduo, naquela multidão, foi visto voltar-se e subitamente delatar o edifício como se fora um templo babilônio, perguntando com indignação desde quando a Senhora Pobreza era assim insultada com o luxo de palácios. Era Francisco, uma figura selvagem, de regresso da sua Cruzada do Oriente; e foi a primeira e última vez que ele falou encolerizado aos seus filhos.

Dever-se-á, mais tarde, dizer uma palavra a respeito desta séria divisão do sentimento e da política, pela qual muitos franciscanos e, até certo ponto, o próprio Francisco, separaram-se da política mais moderada que ultimamente prevalecera. Neste ponto carecemos apenas notá-lo como outra sombra caída sobre o seu espírito, depois do seu desapontamento do deserto; e como sendo, em certo sentido, o prelúdio da fase seguinte da sua carreira, que se passou dentro do máximo isolante e mistério. É verdade que tudo a respeito deste episódio parece coberto com uma nuvem de disputa, mesmo a respeito da data; alguns autores o fixando na narrativa muito antes disto. Mas, fosse ou não cronologicamente, o certo é que foi logicamente a culminação da história, e pode ser mais bem indicado aqui. Digo indicado porque deve ser questão de pouco mais que uma indicação, visto tratar-se de um mistério, tanto no sentido moral mais elevado como no sentido histórico mais trivial. De qualquer forma, as condições do caso parecem ter sido estas. Francisco e um jovem companheiro, no decurso da peregrinação em comum, passaram por um grande castelo todo iluminado com festividades inspiradas na recepção das honras da cavalaria por um dos filhos da casa. Nessa mansão aristocrática, que se denominava Monte Feltro, os dois entraram com a sua atitude bela, casual, e começaram a dar a sua própria espécie de boas-novas. Houve ao menos alguns que deram ouvido ao santo "como se tivesse sido um anjo de Deus"; entre esses um cavalheiro, de nome Orlando de Chiusi, proprietário de grandes terras na Toscana, distinguiu São Francisco com um ato de costesia singular e um tanto pitoresco. Deu-lhe uma montanha; coisa única entre os presentes do mundo. É de presumir que a regra franciscana que proibia ao homem aceitar dinheiro não tinha feito provisão especial sobre a aceitação de montanhas. Nem São Francisco a recebeu diferentemente de como aceitava tudo, como uma comodidade temporária, mais do que propriedade pessoal; mas ele a converteu numa espécie de refúgio para a vida eremítica, mais do que para a vida monástica; retirava-se para ali sempre que desejasse uma vida de oração e jejum, à qual não convidava nem mesmo os seus mais íntimos amigos. Era o Alverno nos Apeninos, e no seu cume paira eternamente uma nuvem escura com um debrum ou aureóla de glória.

O que foi que aconteceu, exatamente, pode ser que nunca se venha a saber. A questão tem sido, creio, assunto de discussão entre os mais devotos estudantes da vida santificada, tanto quanto entre esses estudantes e outros de caráter mais secular. Pode ser que São Francisco nunca tivesse feito menção alguma a ninguém; seria altamente característico, e certo é, em todo caso, que dissesse muito pouco; acho que apenas a um único homem, dizem ter ele falado a respeito. Sujeito, no entanto, a tais dúvidas verdadeiramente sagradas, confesso que para mim, pessoalmente, este relatório isolado e indireto que nos chegou dá muito a impressão de um relatório de coisa real; de uma dessas coisas que são mais reais do que as que chamamos as realidades diárias. Mesmo qualquer coisa, por assim dizer, dupla e confusa a respeito da imagem parece transmitir a impressão de uma experiência que abala os sentidos; como acontece com a passagem das Revelações relativamente às criaturas sobrenaturais cheias de olhos. Parecia que São Francisco contemplava os céus sobre a sua cabeça ocupados por um vasto ser alado, como um Serafim estendido em cruz. Parece mistério se a figura alada estivesse ela mesma crucificada, ou numa postura de crucificação, ou ainda se simplesmente incluísse na sua moldura de asas algum colossal crucifixo. Mas parece claro ter havido qualquer questão sobre a primeira impressão; pois São Boaventura diz inequivocamente que São Francisco duvidava de como um Serafim pudesse ser crucificado, de vez que os temíveis e antigos poderes estavam sem a enfermidade da Paixão. São Boaventura sugere que a contradição aparente pode ter significado que São Francisco deveria ser crucificado em espírito, já que o não podia ser como homem; todavia, fosse qual fosse o significado da visão, a idéia geral dela é muito vívida e opressiva. São Francisco vira por sobre si, cobrindo o firmamento inteiro, algum vasto poder imemorial e inimaginável, antigo como o Antigo de Dias,[11] cujos homens calmos haviam concebido sob as formas de touros alados ou

---

[11] Antigo de Dias, do aramaico *Atik Yomin*, é uma referência a Deus no livro bíblico de Daniel. Geralmente traduz-se apenas como "Ancião" no Brasil – NC.

querubins monstruosos, e toda essa maravilha de asas padecia de dores como ave ferida. Esse sofrimento seráfico, dizem, varou-lhe a alma com um punhal de mágoa e piedade; pode inferir-se que qualquer sorte de agonia montante acompanhasse o êxtase. Finalmente, seguindo uma forma qualquer, o apocalipse desaparecera do céu, e a agonia interna arrefecera; e o silêncio e o ar natural encheram o crepúsculo da aurora e assentaram-se vagarosamente nos purpúreos desfiladeiros e hiantes abismos dos Apeninos.

A cabeça do solitário afundou-se, no seio de toda aquela relaxação e quietude pelas quais o tempo poderá escoar-se com o senso de algo terminado e completo; e quando olhou para baixo, viu nas palmas das mãos as marcas das próprias unhas.

CAPÍTULO IX

Milagres e morte

A TREMENDA HISTÓRIA DO ESTIGMA de São Francisco, que tratamos no fim do capítulo precedente, foi, em certo sentido, o fim da sua vida. Num sentido lógico teria sido o fim, mesmo se houvesse acontecido no começo. Mas as tradições mais verdadeiras referem-no em data subseqüente e sugerem que os seus dias restantes na terra tiveram em si qualquer coisa da hesitação de uma sombra. Quer São Boaventura tivesse razão quando sugeriu o que São Francisco vira naquela visão seráfica algo quase como um imenso espelho da sua própria alma, capaz esta ao menos de sofrer como um anjo, embora não como um deus, ou quer exprimisse debaixo de imagens mais primitivas e colossais do que a arte cristã, comum o paradoxo primário da morte de Deus, é evidente, pelas suas conseqüências tradicionais, que significara uma coroa e um distintivo. Parece que foi depois de ter tido esta visão que começou a ir ficando cego.

Mas o incidente tem outro lugar menos importante neste esboço rude e limitado. É a ocasião natural para considerar-se rápida e coletivamente todos os fatos ou fábulas de outro aspecto da vida de São Francisco; aspecto que é, não direi mais discutível, porém, certamente mais discutido. Refiro-me a toda essa massa de testemunho e tradição concernindo aos seus poderes milagrosos e experiências sobrenaturais, com os quais teria sido fácil adornar de jóias as páginas da história; somente que certas circunstâncias necessárias às condições desta narrativa tornam preferível reunir algo apressadamente, num punhado, todas essas jóias.

Adotei aqui este alvitre, a fim de permitir um preconceito. É realmente, em grande medida, preconceito do passado, preconceito que está francamente desaparecendo nestes dias de maior esclarecimento, e especialmente de maior latitude de experimentação científica e de conhecimentos. Mas é um preconceito ainda pertinaz em muitos de uma geração mais antiga, e ainda tradicional em muitos da mais jovem. Quero naturalmente dizer isso a que se costumou chamar a crença de que "milagres não acontecem", como, creio, Matthew Arnold o expressou, quando se referiu ao ponto de vista de tantos dos nossos tios e tios-avós vitorianos. Em outras palavras, foi o remanescente da simplificação cética, pela qual alguns dos filósofos do começo do século XVIII popularizaram a impressão (durante um tempo muito curto) de que tínhamos descoberto a regulamentação do cosmos como as operações de um relógio, e de um relógio tão simples que seria possível descobrir-se, quase de relance, o que teria acontecido ou deixado de acontecer na experiência humana. Deve-se ter em memória que esses verdadeiros céticos, dos tempos áureos do ceticismo, expressavam tanto desprezo pelas primeiras fantasias da ciência como pelas lendas imorredouras da religião. Voltaire quando lhe disseram que nos picos dos Alpes fora encontrado um peixe fóssil, riu-se abertamente da história, dizendo que algum monge ou eremita que jejuava deixara cair lá a ossada do seu peixe, possivelmente com o fim de efetuar outra fraude monacal. Todos sabem, a esta hora, que a ciência tirou sua desforra do ceticismo. Os limites entre o crível e o incrível tornaram-se outra vez tão imprecisos como em qualquer crepúsculo bárbaro; todavia o crível está evidentemente aumentando e o incrível diminuindo. Um homem do tempo de Voltaire não sabia que milagre a seguir ele teria de repelir. E o homem do nosso tempo não sabe que milagre a seguir ele terá de engolir.

Mas muito antes de essas coisas acontecerem, naqueles dias da minha meninice quando vi pela primeira vez a figura de São Francisco, à distância, no entanto, mesmo à distância me atraindo, naqueles dias vitorianos que seriamente separaram as virtudes dos milagres dos santos – mesmo naqueles dias eu não podia esquivar-me de sentir vaga perplexidade sobre como este método poderia aplicar-se à história. Portanto, eu não compreendia muito bem, e ainda agora não o compreendo sobre que princípio se deva pegar e escolher nas crônicas do passado que parecem ser todas inteiriças. Todo o nosso conhecimento sobre determinados períodos históricos e, notadamente, de todo o período medieval, funda-se em certas crônicas relacionadas, escritas por indivíduos, alguns dos quais sem nome, e todos eles já extintos, que se não podem de qualquer forma argüir nem, em alguns casos, auxiliar. Nunca pude certificar-me da natureza do direito pelo qual os historiadores aceitaram deles grande massa de detalhes como verdade definida para, depois, subitamente, negarem a veracidade quando um dos detalhes venha a ser preternatural. Não me queixo de serem céticos; apenas me admiro de que os céticos não sejam mais céticos. Compreendo perfeitamente eles alegarem que somente lunáticos ou mentirosos jamais incluiriam tais detalhes numa crônica; nesse caso, porém, a única inferência é que a crônica teria sido escrita por mentirosos ou lunáticos. Escreverão, por exemplo: "O fanatismo monacal achou fácil espalhar o boato de que milagres já se estavam produzindo no túmulo de Thomas Becket." Por que não diriam igualmente bem: "O fanatismo monacal achou fácil espalhar a calúnia de que quatro cavaleiros da corte do rei Henrique tinham assassinado Thomas Becket na catedral"? Escreveriam qualquer coisa assim: "A credulidade da época prontamente aceitou a versão de que Joana d'Arc fora inspirada para apontar o Delfim, se bem que estivesse disfarçado?". Por que não haveriam de escrever sob o mesmo princípio: "A credulidade da época foi tal que chegou a supor que uma obscura moça do campo pudesse obter audiência da corte do Delfim?". E assim, no caso presente, quando nos dizem haver uma história audaciosa de São Francisco atirando-se numa fogueira e saindo ileso, que princípio exato, pergunto, os proibiu de falar de uma história audaciosa de São Francisco se ter lançado no acampamento dos ferozes moslemes, e saído incólume? Peço apenas uma informação; pois eu mesmo não vejo o ponto racional da coisa. Tomo sobre mim afirmar que nem uma única palavra se escrevera de São Francisco, por nenhum contemporâneo, também incapaz de acreditar e narrar uma história milagrosa. Talvez tudo sejam fábulas monacais, e nunca tenha existido São Francisco algum, São Thomas Becket ou Joana d'Arc. Isto é, indubitavelmente, um caso de *reductio ad absurdum*; mas *reductio ad absurdum* do ponto de vista que considerava absurdo todo milagre.

E, na lógica abstrata, este método de seleção conduziria às mais audaciosas absurdezas. Uma história intrinsecamente inacreditável somente poderia significar que a autoridade fosse desmerecedora de crédito. Não poderia significar que outras partes da sua história devessem ser recebidas com a máxima credulidade. Se alguém dissesse ter encontrado um homem vestido de calças amarelas, que passou a se atacar ferozmente, não haveríamos de fazer o nosso juramento sobre a Bíblia ou arder numa estaca pela afirmação de que vestisse calças amarelas. Se alguém alegasse ter subido num balão azul e verificado que a Lua era feita de queijo verde, não haveríamos exatamente de apresentar um depoimento sobre ser azul o balão, nem verde a Lua. E a conclusão verdadeiramente lógica do lançamento de dúvidas a todas as histórias como os milagres de São Francisco, fora lançar dúvidas à existência de homens como São Francisco. E houve, realmente, um momento moderno, uma espécie de ponto culminante do ceticismo insano, quando esta espécie de coisa realmente se dizia ou fazia. As pessoas costumavam dizer que nunca houve nenhum São Patrício; o que é, ponto por ponto, uma tolice histórica como dizer-se que nunca existiu nenhum São Francisco. Houve tempo, por exemplo, em que a loucura da explicação mitológica dissolvera grande parte da história sólida, ao calor e irradiação universal e luxuosa do mito de sol. Creio que esse sol especial já desceu ao seu ocaso, porém tem havido numerosas luas e meteoros em sua substituição.

São Francisco haveria de fazer, naturalmente, um magnífico mito de sol. Como poderia alguém escapar à chance de ser um mito de sol quando, de feito, é mais vulgarmente conhecido por uma canção intitulada "O Cântico do Sol"? Desnecessário indicar que o fogo na Síria foi a aurora no

Leste, e as chagas sangrando na Toscana, o pôr-do-sol no Oeste. Poderia fazer longamente a exposição desta teoria; somente que, como amiúde sucede a bons teoristas, ocorre-me outra teoria mais promissora. Não sou capaz de imaginar como todos, eu inclusive, possamos ter deixado de notar o fato de que toda a história de São Francisco é de origem totêmica. E, não há que negar, uma história que simplesmente pulula de totens. Os bosques franciscanos estão repletos deles como qualquer fábula indígena. Francisco é levado a chamar asno a si próprio porque, nos mitos originais, Francisco era meramente o nome dado ao verdadeiro burro de quatro pernas, mais tarde vagamente evoluído num deus ou herói semi-humano. Por isso foi, sem dúvida, que eu costumava sentir que o irmão lobo e irmã ave de São Francisco tinham certa semelhança com o irmão boi e irmã raposa do Tio Remus. Dizem alguns que há, na verdade, uma fase inocente na infância na qual realmente acreditamos que um boi pudesse falar ou uma raposa fazer uma boneca de breu. Seja como for, há um período inocente de crescimento intelectual no qual nós, às vezes, realmente acreditamos que São Patrício foi um mito de sol ou São Francisco um totem. Mas, para a maioria de nós, essas duas fases do paraíso são coisas do passado.

Como haverei de sugerir daqui a um momento, existe um sentido no qual podemos, para fins práticos, distinguir entre as coisas prováveis e as improváveis em tal história. Não é tanto uma questão de crítica cósmica sobre a natureza do acontecimento, como crítica literária sobre a natureza da história. Algumas histórias são contadas com muito mais seriedade do que outras. Mas, afora isto, não tentarei aqui nenhuma diferenciação definida entre elas. Não farei isso por um motivo prático relativo à utilidade do procedimento; refiro-me ao fato de que, num sentido prático, todo este assunto volta ao caldeirão, do qual muitas coisas podem sair moldadas no que o racionalismo teria chamado monstros. Os pontos fixos da fé e da filosofia, com efeito, permanecem sempre os mesmos. Se um indivíduo crê que o fogo, em determinado caso, deixe de queimar, depende isso da razão por que ele suponha que o fogo geralmente queime. Se ele queimar nove lenhas de dez, porque é sua natureza ou destino fazer isso, então ele também haverá de queimar a décima. Se queimar nove lenhas, por ser essa a vontade de Deus, então poderia deixar de queimar a décima, pela vontade de Deus. Ninguém se poderá colocar atrás dessa diferença fundamental sobre a razão de ser das coisas; e é tão racional para um teísta acreditar nos milagres, como o é para um ateu não acreditar. Em outras palavras, só existe uma razão inteligente pela qual um homem deixe de acreditar em milagres, e essa é que acredite no materialismo. Mas estes pontos fixos da fé e da filosofia são coisas para uma obra teórica, e não têm aqui lugar particular. E na questão de história e biografia, que aqui têm seu lugar, nada existe absolutamente fixo. O mundo é uma confusão de possíveis e impossíveis, e ninguém sabe qual será a nova hipótese científica que venha surgir em apoio de alguma superstição antiga. Três quartos dos milagres atribuídos a São Francisco já teriam sido explicados pelos psicólogos, não realmente como um católico os explicasse, mas como um materialista deve necessariamente recusar-se a explicar. Existe todo um departamento dos milagres de São Francisco; os milagres da cura. De que vale um cético superior repudiá-los como inimagináveis, no momento em que a cura da fé já é um grande reclamo ianque como um espetáculo de Barnum? Existe outro departamento inteiro, análogo às lendas de Cristo "ler o pensamento dos homens". Por que censurá-las e enegrecê-las por terem o nome de "milagres", quando a transmissão do pensamento já é um divertimento de salão como as cadeiras musicais? Existe ainda todo um departamento, a ser estudado separadamente, se tal estudo científico fosse possível, das maravilhas bem testemunhadas, operadas pelas suas relíquias e posses fragmentárias. De que serve repelir tudo que é inconcebível, quando mesmo esses truques psíquicos vulgares de salão voltam continuamente ao toque de qualquer objeto familiar ou a ter na mão uma posse individual? Não creio, naturalmente, que esses truques sejam do mesmo tipo que as boas obras do santo; exceto, talvez, no sentido do *Diabolus simius Dei*. Mas não é questão daquilo que eu creio nem do porquê, mas daquilo que os céticos não crêem e do seu porquê.

E a moral para o historiador ou biógrafo prático é esperar que as coisas se acomodem um pouco mais, antes de alegar descrença do que quer que seja.

Assim sendo, podemos optar por dois alvitres; e, não sem alguma hesitação, fiz aqui a minha escolha. O melhor processo, e mais ousado, seria contar toda a história de um modo franco e incisivo, milagres e tudo, segundo o que fizeram os historiadores originais. E a esse curso simples os historiadores novos terão provavelmente de voltar. Mas é preciso ter-se na memória que este livro confessa ser apenas uma introdução a São Francisco ou ao estudo de São Francisco. Aqueles que carecem de introdução são, na sua natureza, estranhos. Com estes, o objetivo é conseguir que prestem ouvido a São Francisco; e, fazendo isto, é perfeitamente legítimo organizar os fatos de modo que os familiares venham antes dos que não são familiares, e que os que poderão compreender imediatamente, antes dos que acharão alguma dificuldade. Só desejaria que, neste rascunho exíguo, pudesse haver uma ou duas linhas que atraíssem os homens a estudar São Francisco por sua própria conta; e, se o estudarem por si mesmos, logo irão descobrir que a parte sobrenatural da história parece tão natural como o resto. Mas foi preciso que o meu esboço tivesse apenas um caráter meramente humano, porque só estive apresentando seu direito à humanidade, inclusive à humanidade cética. Adotei, por conseguinte, a alternativa de, primeiro, mostrar que ninguém, senão um imbecil de nascimento, poderia deixar de compenetrar-se de que São Francisco foi uma criatura humana, histórica, muito real; segundo, sumariar rapidamente neste capítulo os poderes sobre-humanos que certamente fizeram parte dessa história e dessa humanidade. Só resta dizer alguma palavra sobre as distinções que poderão ser razoavelmente observadas no assunto, por uma pessoa dotada de qualquer ponto de vista; para que não confunda o ponto e a culminação da vida do santo com as fantasias e boatos que, na realidade, foram apenas a orla da sua reputação.

Há tão imensa massa de lendas e anedotas sobre São Francisco de Assis, e tantas compilações admiráveis cobrindo quase todas elas, que me vi na contingência de tomar, dentro dos meus estreitos limites, uma política um tanto estreita, qual seja a de seguir uma linha de explicação e somente mencionar, aqui e ali, uma anedota ou outra, para que ilustrem a explicação. Se isto for verdadeiro a respeito de todas as lendas e histórias, é especialmente verdadeiro das lendas milagrosas e das histórias sobrenaturais. Se fôssemos tomar algumas histórias como elas se acham, receberíamos uma impressão um tanto confusa, parecendo que a biografia contém mais acontecimentos sobrenaturais do que naturais. Ora, é claramente contra a tradição católica, coincidente em tantos pontos com o bom senso, supor que seja esta, realmente, a proporção destas coisas na vida humana prática. Além disto, ainda quando consideradas como histórias sobrenaturais ou preternaturais, elas evidentemente se enquadram em certas categorias diferentes, não tanto a mercê da nossa experiência em matéria de milagres como da nossa experiência em matéria de histórias. Algumas delas possuem o caráter de contos de fadas, na sua forma, muito mais do que seu incidente. São, obviamente, histórias contadas ao pé do fogo aos camponeses ou aos filhos destes, sob condições nas quais ninguém supõe uma proposta de doutrina religiosa para ser aceita ou repelida, mas somente contornando uma história do modo mais simétrico, de acordo com essa espécie de plano decorativo que percorre todas as histórias de fadas. Outras aparecem enfaticamente com a forma de evidência, isto é, são o testemunho de verdades ou de mentiras; e será muito difícil a qualquer juiz de natureza humana achar que sejam mentiras.

Dizem que a história dos estigmas não é lenda mas só pode ser mentira. Quero dizer que certamente não é uma superposição lendária subseqüente à fama de São Francisco; mas é algo que surgiu quase imediatamente com os seus primeiros biógrafos. É praticamente necessário sugerir-se que não fora uma conspiração; houve, com efeito, certa disposição de sobrecarregar com a fraude o infortunado Elias, que tantos partidos têm tido inclinação de tratar como um vilão universal útil. Disseram, mesmo, que esses biógrafos primitivos, São Boaventura e Celano e os Três Companheiros, embora declarem que São Francisco recebera os ferimentos místicos, não alegaram ter visto pessoalmente as feridas. Não acho este argumento concludente; porque surge apenas da natureza da narrativa. Os Três Companheiros não estão prestando depoimento em caso algum; portanto, não está na forma de depoimento nenhuma das partes admitidas da sua história. Estão escrevendo uma crônica de descrição comparativamente impessoal e muito objetiva. Não dizem: "Eu vi as chagas de São Francisco"; dizem: "São Francisco recebeu as feridas." Mas também não dizem: "Eu vi São Francisco ir a Porciúncula", e sim: "São Francisco foi a Porciúncula." Todavia, ainda sou incapaz de compreender por que razão eles possam merecer fé como testemunhas oculares de um fato, e deixar de merecê-la relativamente ao outro. É tudo uma peça inteiriça; seria uma interrupção demasiado abrupta e anormal na sua maneira de relatar a história se, de repente, desandassem a blasfemar e praguejar, dar seus nomes e endereços e jurar que eles viram pessoalmente e verificaram os fatos físicos em aprego. Parece-me, por conseguinte, que esta discussão particular reverte à questão geral que já mencionei; a questão por que essas crônicas são afinal acreditadas, se o são com abundância de incredibilidade. Mas, isto também, em última análise, provavelmente parecerá reverter ao mero fato de alguns indivíduos não acreditarem em milagres por serem materialistas. Isso é bastante lógico; mas terão de negar o sobrenatural tanto em face do testemunho de um professor moderno de ciência, como do de um cronista medieval monacal. E a estas horas já existe grande número de professores para eles contradizerem.

Mas, o quer que se possa pensar a respeito de semelhante sobrenaturalismo, no sentido comparativamente material e popular dos atos sobrenaturais, perderemos todo o ponto de São Francisco, sobretudo de São Francisco depois do Alverno, se não compreendermos que ele estava vivendo uma vida sobrenatural. E há cada vez mais sobrenaturalismo na sua vida, à medida que se vai aproximando da morte. Este elemento do sobrenatural não o divorciou do natural; pois era todo o ponto da sua posição, que o unia mais perfeitamente com o natural. Não o tornou sombrio nem desumanizado; pois toda a significação da sua mensagem era que tal misticismo torna um homem alegre e humano. Mas foi todo o ponto da sua posição, e foi toda a significação da sua mensagem, que o poder em operação era um poder sobrenatural. Se esta simples distinção não transparecesse de toda a sua vida, seria difícil alguém deixar de notá-la lendo o relatório da sua morte.

Num sentido, pode-se dizer que ele vagueou como moribundo do mesmo modo como vagueara em vida. E à medida que se ia tornando mais e mais aparente que a sua saúde declinava, ele fora levado de lugar em lugar como um poeta da enfermidade ou quase como um trovador da mortalidade. Foi a Rieti, a Nursia, talvez a Nápoles, certamente a Cortona pelo lago de Perúsia. Mas há qualquer coisa profundamente patética, e cheia de graves problemas, no fato de que, afinal, como quereria parecer, a sua chama de vida saltara e o seu coração rejubilara quando viram, longe sobre a colina de Assis, os solenes pilares de Porciúncula. Ele que se tinha tornado vagabundo por amor a uma visão, ele que se negara todo o senso da locação e propriedade, ele cujo evangelho e glória se resumiam em ser destituído de lar, recebeu da natureza, como um tiro de parta, o aguilhão do senso do lar. Ele também sofria da sua *maladie du clocher*, a sua doença de campanário, embora o seu campanário fosse maior do que em nós. "Nunca", exclamou ele, com a energia súbita dos espíritos fortes no leito de morte, "nunca abandoneis este lugar. Se fordes aonde quer que seja ou fizerdes qualquer peregrinação, voltai sempre ao vosso lar; pois é esta a santa casa de Deus." E a procissão passou debaixo das arcadas da sua casa; e ele deitou-se na cama, todos os seus irmãos reunidos em torno dele para a derradeira vigília. Parece-me inoportuno entrar em subseqüente discussão relativamente a que sucessores ele abençoara ou em qual forma e com que significação. Naquele momento intenso ele nos abençoou a todos.

Depois de se ter despedido de alguns dos seus amigos mais íntimos, e especialmente os mais antigos, foi erguido por seu próprio desejo da cama tosca e deposto sobre a terra nua; como dizem alguns, vestido apenas com o seu cilício, tal como saíra da presença do pai para penetrar nos bosques de inverno. Foi a confirmação final da sua grande idéia fixa; do louvor e gratidão alçando-se à sua maior altura, partindo da nudez e do nada. Deitado ali, com os olhos cauterizados e cegos, podemos ter certeza de que ele não via nada senão o seu objetivo e a sua origem. Podemos ter certeza de que a alma, no seu último isolamento inconcebível, estava face a face com Deus Encarnado e Cristo Crucificado. Todavia, pelos homens de pé ao seu redor, deve ter havido outros pensamentos, de mistura com estes; e muitas recordações se devem ter congregado como fantasmas do crepúsculo, à proporção que aquele dia se escoava e a grande escuridão descia, na qual todos nós perdemos um amigo.

Pois quem lá jazia moribundo não era Domingos dos Cães de Deus, um campeão de guerras lógicas e de controvérsias que se podiam reduzir a um plano e tratar como um plano; um mestre da máquina de disciplina democrática pela qual os outros se poderiam organizar. O que estava desaparecendo do mundo era uma pessoa; um poeta; uma vigilância da vida como uma luz que nunca se viu depois no mar ou em terra; uma coisa que não será substituída nem repetida enquanto durar a terra. Disseram que só houve um cristão, que morreu na cruz; será mais verdadeiro dizer-se, neste sentido, que só houve um franciscano, cujo nome era Francisco. Imensa e feliz como foi a obra popular deixada atrás de si, havia qualquer coisa que ele não poderia deixar, da mesma forma como um pintor de paisagens não poderia deixar os seus olhos no testamento. Foi um artista na vida que aqui fora chamado para ser um artista na morte; e ele tinha mais direito do que Nero, seu antítipo, de dizer *Qualis artifex pereo*. Pois a vida de Nero foi cheia de poses para as ocasiões, como a de um ator; a do úmbrico teve uma graça natural e contínua como a de um atleta. Mas São Francisco tinha coisas melhores para dizer e coisas melhores em que pensar, e os seus pensamentos foram atraídos para o alto onde os não podemos acompanhar, nas alturas divinas e vertiginosas, às quais somente a morte nos pode levantar. Em torno dele postavam-se os irmãos de hábito pardo, aqueles que o tinham amado, mesmo embora discutissem entre si mais tarde. Lá estavam Bernardo, seu primeiro amigo, Ângelo, que lhe servira de secretário, e Elias, seu sucessor, que a tradição procurou converter numa espécie de Judas, mas que parece ter sido pouco pior do que um oficial colocado em posto errado. A sua tragédia foi ter um hábito franciscano sem ter um coração franciscano, ou, de qualquer maneira, ter uma cabeça nada franciscana. Embora mau franciscano, ele teria sido bom dominicano. Seja como for, não há que duvidar de que amava a Francisco, pois rufiões e selvagens o amavam. Ele permaneceu com os demais enquanto as horas se passavam e as sombras envolviam a casa de Porciúncula; e ninguém deve pensar tão mal dele para supor que os seus pensamentos estivessem então no tumultuoso futuro, nas ambições e controvérsias dos seus anos subseqüentes. Poderia alguém supor que as aves deviam ter sabido do acontecimento, fazendo certo movimento pelo céu da tarde. Como já tinham feito antes, de acordo com a lenda, espalhando aos quatro ventos do céu, num modelo de cruz ao seu sinal de dispersão, poderiam agora ter escrito em linhas pontilhadas pelo espaço celeste um augúrio mais terrível. Ocultas na floresta, talvez houvesse pequeninas criaturas encolhidas, que nunca mais seriam observadas e compreendidas; e dizem que os animais, às vezes, são conscientes de coisas às quais o homem, seu superior espiritual, fica momentâneamente cego. Não sabemos se algum estremecimento tivesse passado por todos os ladrões, exilados e bandidos, informando-os do que tinha sucedido àquele que nunca conhecera a natureza do desprezo. Mas, pelo menos nas passagens e pórticos de Porciúncula, estabeleceu-se súbita quietude, onde todas as figuras pardas se plantavam como estátuas de bronze; pela cessação dos batimentos do grande coração que não parara enquanto não sustivera o mundo.

CAPÍTULO X

O testamento de São Francisco

Num sentido, indubitavelmente, é triste ironia que São Francisco, que toda a vida desejara vivessem os homens em harmonia, viesse a falecer entre desarmonias crescentes. Mas não devemos exagerar esta discórdia, como alguns o fizeram, levando-a em conta de mera derrota de todos os seus ideais. Há alguns que representam a ruína da sua obra causada meramente pela maldade do mundo, ou pelo que sempre presumem ser a maldade ainda maior da Igreja.

Este pequeno livro é um ensaio sobre São Francisco e não sobre a Ordem Franciscana, e muito menos sobre a Igreja Católica, o papado ou a política tomada contra os franciscanos extremistas, os Fraticelli. É portanto, apenas necessário anotar em poucas palavras qual foi a natureza geral da controvérsia que surgira furiosa depois da morte do santo, e, até certo ponto, lhe perturbara os últimos dias de vida. O detalhe predominante era a interpretação do voto de pobreza, ou a recusa de todas as posses. Ninguém, tanto quanto sei, jamais se propusera interferir com o voto do frade individual de não ter posse alguma pessoal. Isto é, ninguém propusera interferir com a sua negação de propriedade particular. Alguns franciscanos, porém, invocando a autoridade de Francisco, foram mais longe do que isto e mais longe, creio, do que jamais quem quer que fosse. Propuseram abolir não somente a propriedade privada mas a propriedade. Isto é, recusaram-se a ficar, em absoluto, responsáveis corporadamente pelas coisas; pelos edifícios, depósitos ou utensílios; recusaram-se a assumir posse coletivamente, embora os usassem coletivamente. É perfeitamente verdade que muitos, especialmente entre os primeiros sustentadores deste ponto de vista, eram homens de espírito esplêndido e altruísta, inteiramente devotados ao ideal do grande santo. É também perfeitamente verdade que o papa e as autoridades da Igreja não acharam que esta concepção fosse uma disposição trabalhável, e adiantaram-se, modificando-a tanto, ao ponto de por de parte certas cláusulas do testamento do grande santo. Mas não é absolutamente fácil ver se era uma disposição trabalhável ou, até mesmo, uma disposição, pois realmente foi uma recusa de dispor o que quer que fosse. Todos sabiam, decerto, que os franciscanos eram comunistas; mas não era tanto ser comunista como ser anarquista. Forçosamente, por um argumento qualquer, alguém ou alguma coisa deve ser responsável pelo que aconteceu a um número de edifícios históricos, bens comuns ou móveis. Muitos idealistas do tipo socialista, notadamente da escola de Mr. Shaw ou Mr. Wells, trataram desta discussão como se fosse mero caso de tirania da parte de pontífices abastados e cruéis, esmagando o verdadeiro cristianismo de socialistas cristãos. Mas, na verdade, este ideal extremo foi, num sentido, o próprio reverso do socialista ou, mesmo, social. Precisamente a coisa que esses entusiastas recusaram foi a propriedade social, sobre a qual se constrói o socialismo. O que recusaram primariamente a fazer foi o que os socialistas primariamente fizeram; admitir legalmente posse na sua capacidade corporada. Não é exato também que o tom dos papas perante os entusiastas fosse meramente áspero e hostil. O papa manteve por longo tempo um compromisso que tinha designado especialmente para fazer face às objeções conscienciosas deles; compromisso pelo qual o próprio papado mantinha a propriedade numa espécie de custódia, para os donos que recusavam tocá-la. A verdade é que este incidente mostra duas coisas bastante comuns na história católica, mas muito pouco compreendidas pela história jornalística da civilização industrial. Mostra que os santos eram, às vezes, grandes homens quando os papas eram pequenos. Porém mostra igualmente que os grandes homens às vezes erram quando os pequenos acertam. E será, afinal de contas, difícil a qualquer observador cândido e lúcido negar que o papa teve razão quando insistiu em dizer que o mundo não fora feito só para os franciscanos. Pois era isso que estava por detrás da contenda. Atrás desta questão prática particular havia algo muito maior e mais momentoso, cuja agitação e força podemos sentir ao lermos a controvérsia. Poderíamos ir ao ponto de estabelecer da seguinte forma a verdade última. São Francisco foi um homem tão grande e original que tinha em si qualquer coisa do que forma o fundador de uma religião. Muitos dos seus seguidores estavam mais ou menos prontos, no coração, a tratá-lo como o fundador de uma religião. Estavam dispostos a deixar o espírito franciscano escapar da Cristandade como o espírito cristão escapara de Israel. Estavam dispostos a deixar que ele eclipsasse a cristandade como o espírito cristão eclipsara Israel. Francisco, o fogo que corria pelas estradas da Itália, devia ser o começo de uma conflagração na qual se haveria de consumir a antiga civilização cristã. Foi esse o ponto que o papa teve de acomodar: se o cristianismo absorveria Francisco ou Francisco o cristianismo. E decidiu com acerto, à parte dos deveres da sua posição; pois a Igreja podia conter tudo quanto havia de bom nos franciscanos, e os franciscanos não podiam conter tudo quanto havia de bom na Igreja.

Há uma consideração que embora suficientemente clara em toda a história, não foi talvez suficientemente notada, especialmente por aqueles que não são capazes de ver o caso para certo bom senso católico, maior mesmo que o entusiasmo franciscano. Não obstante, nasce justamente dos méritos do homem que tão condignamente admiravam. Francisco de Assis, como foi dito e redito, era poeta; isto é, era um homem capaz de expressar a sua personalidade. Ora, é por toda parte a marca desta espécie de homem o fato de suas próprias limitações o tornarem maior. Ele é o que é, não somente pelo que tem, mas, em certo grau, pelo que não tem. Mas os limites que traçam as linhas de semelhante retrato pessoal não podem ser tomados para limites de toda a humanidade. São Francisco é um exemplo poderoso desta qualidade num homem de gênio, no qual mesmo o que é negativo parece positivo, por isso que faz parte do seu caráter. Excelente exemplo do que quero dizer pode obter-se na sua atitude para com o saber e a erudição. Ele não tomava conhecimento e, em certa medida, desencorajava os livros e a instrução do livro; e do seu próprio ponto de vista e do da sua obra no mundo, estava absolutamente certo. Toda a sua mensagem era ser tão simples que o bobo da aldeia poderia compreendê-la. Todo o seu ponto de vista era que parecia novidade num mundo novo, capaz de ter sido feito nessa manhã. Exceção feita das coisas primeiras, a Criação e a História do Éden, o primeiro Natal e a primeira Páscoa, o mundo não tinha história. Mas, será desejado ou desejável que toda a Igreja Católica não tivesse história?

É talvez a principal sugestão deste livro, essa de São Francisco ter andado pelo mundo como o Perdão de Deus. Quero dizer que o seu aparecimento marcou o momento em que os homens se poderiam reconciliar não somente com Deus, mas com a natureza e, o mais difícil de tudo, consigo mesmos. Pois assinalou o momento em que o paganismo cediço que envenenara o mundo antigo fora finalmente extraído do sistema social. Abriu as portas da Era Tenebrosa como da prisão de um purgatório, onde os homens se tinham purificado como eremitas no deserto ou heróis nas guerras bárbaras. Foi, de fato, sua inteira função dizer aos homens para recomeçarem e, nesse sentido, dizer-lhes que se esquecessem. Se tivessem de virar uma página nova e recomeçar com as primeiras letras grandes do alfabeto, tragadas com simplicidade e cores brilhantes à feição medieval primitiva, foi claramente parte dessa particular alegria infantil, a colagem da página velha tão cheia de coisas negras, horripilantes e sanguinolentas. Por exemplo, já fiz notar que não existe na poesia deste primeiro poeta italiano nenhum traço de toda a mitologia pagã, que perdurara muito tempo depois do paganismo. O primeiro poeta italiano parece o único homem no mundo que nunca ouviu falar de Virgílio. Isso foi precisamente certo para o sentido especial em que ele é primeiro poeta italiano. É assaz justo que ele chamasse rouxinol a um rouxinol, e não estragasse a sua melodia nem a entristecesse com as terríveis histórias de Ítilus ou Progne. Em suma, é realmente muito justo, e assaz desejável, que São Francisco nunca tivesse ouvido falar de Virgílio. Mas, será que realmente desejamos que Dante nunca tivesse ouvido falar de Virgílio? Desejaríamos verdadeiramente que Dante nunca houvesse lido nada sobre a mitologia pagã? Disseram, com muita verdade, que o emprego que Dante dá a tais fábulas é inteiramente parte de uma ortodoxia mais profunda; que os seus enormes fragmentos heréticos, as suas gigantescas figuras de Minos e de Caronte, não fazem senão dar uma idéia de alguma enorme religião natural atrás de toda a história, e proveniente do primeiro simbolismo da fé. É bom ter-se a Sibila, tanto quanto o David, no *Dies Irae*. Que São Francisco tivesse queimado todas as folhas dos livros da Sibila, em troca de uma folha tenra da árvore mais próxima, é perfeitamente verdade, e perfeitamente adequado para São Francisco. Mas é bom ter-se o *Dies Irae*, tanto quanto *O Cântico do Sol*.

Por esta tese, em suma, a vinda de São Francisco foi como o nascimento de uma criança numa casa escura, suspendendo a sua sentença; uma criança que cresce na inconsciência da tragédia e triunfa pela inocência. Nele é necessariamente não só a inocência, mas a ignorância. A essência da história é que ele pisasse a relva verde sem saber que crescia sobre um homem assassinado ou subisse num galho de macieira sem saber que fosse a forca de um suicida. Foi semelhante anistia e reconciliação que a fragrância do espírito franciscano trouxe ao mundo inteiro. Mas não se segue que devesse impor ignorância ao mundo inteiro. E suponho que teria tentado impô-la ao mundo inteiro. Para alguns franciscanos teria parecido direito que a poesia franciscana excluísse a prosa beneditina. Para a criança simbólica era bastante racional. Era bastante justo que, para semelhante criança, o mundo fosse um novo quarto infantil com paredes caiadas de branco, sobre as quais o menino pudesse riscar com giz as suas próprias figuras de criança, nos seus contornos grosseiros e colorido vivo; os primórdios de toda a nossa arte. Era bastante justo que, para ele, tal quarto parecesse a mais estupenda mansão da imaginação do homem. Mas na Igreja de Deus existem muitas moradas.

Toda heresia tem sido um esforço para diminuir a Igreja. Se o movimento franciscano se tivesse convertido numa nova religião, teria sido, afinal de contas, uma religião acanhada. Em tanto quanto se transformou, aqui e ali, numa heresia, foi numa heresia acanhada. Produziu o que uma heresia sempre produz; fixou o modo contra a mente. O modo era, com efeito, originalmente o bom e glorioso modo do grande São Francisco, mas não era toda a mente de Deus ou, mesmo, do homem. E é fato que o próprio modo degenerou, transformando-se em monomania. Uma seita que veio a denominar-se os Fraticelli, declarara serem seus adeptos os verdadeiros filhos de São Francisco, e rompera com os compromissos de Roma em favor do que teria chamado o programa completo de Assis. Dentro de muito pouco tempo esses franciscanos frouxos começaram a parecer tão ferozes como os Flagelantes. Lançaram novos e violentos vetos; denunciaram o casamento; isto é, denunciaram a espécie humana. Em nome do mais humano dos santos, declararam guerra à humanidade. Não pereceram particularmente por serem perseguidos; muitos deles foram eventualmente persuadidos; e o uropígio restante, incapaz de persuasão, ficou sem produzir nada que, ao menos, lembrasse alguém do verdadeiro São Francisco. O mal desses indivíduos foi que eram místicos; místicos e nada mais do que místicos; místicos e não católicos; místicos e não cristãos; místicos e não homens. Perderam-se porque, no mais exato sentido, não haveriam de escutar a razão. E São Francisco, por mais selvagens e românticas que pudessem ter parecido as suas rotações, elas sempre se prenderam à razão por um fio de cabelo invisível e indestrutível.

O grande santo era sensato; e com o próprio som da palavra sensatez, como um acorde mais grave ferido numa harpa, chegamos novamente a algo que foi realmente mais grave do que tudo a respeito dele, quase parecendo uma excentricidade travessa. Ele não era meramente excêntrico porque sempre estivesse convergindo para o centro e coração do labirinto; tomava os atalhos mais curiosos e sinuosos na mata, porém sempre se encaminhava para casa. Ele não somente era humilde demais para ser heresiarca, como também demasiado humano para desejar ser extremista, no sentido de um exílio nos confins da terra. O senso de humorismo que condimenta todas as histórias das suas escapadas, por si o impediu de endurecer-se na solenidade da integridade individual sectária. Ele estava por natureza pronto a reconhecer-se errado; e se os seus seguidores tivessem, nalguns pontos práticos, de admitir que ele estava errado, somente admitiram que estava errado para provarem que estava certo. Pois foram eles, os seus verdadeiros seguidores, os que realmente demonstraram que ele estava certo, e, ainda quando transcendendo algumas das suas negações interpretaram e estenderam em triunfo a sua verdade. A ordem franciscana não se fossilizou nem se interrompeu de súbito como qualquer coisa cujo verdadeiro propósito tivesse sido frustrado pela tirania oficial ou traição interna. Foi este, o tronco central e ortodoxo, o que mais tarde produziu frutos para o mundo. Contava entre os seus filhos, Boaventura, o grande místico, e Bernardino, o pregador popular, que enchera a Itália das bufonarias beatíficas de um *jongleur de Dieu*. Contava com Raimundo Lúlio, com o seu estranho saber e seus grandes e arrojados planos para converter o mundo; um homem intensamente individual, exatamente como São Francisco era intensamente individual. Contava com Roger Bacon, o primeiro naturalista cujas experiências com a luz e a água tiveram, todas, a curiosidade luminosa pertencente aos primórdios da história natural; e a quem, mesmo os cientistas mais naturalistas saudaram como o pai da ciência. Não é verdade que estes simplesmente foram grandes homens, que realizaram grande obra pelo mundo; é também verdade que foram certa categoria de homens mantendo o espírito e o sabor de certa categoria de homem, que podemos perceber neles um gosto de um dardo de audácia, e reconhecê-los como filhos de São Francisco.

Pois é esse o espírito inteiro e final, com o qual nos devemos voltar a São Francisco; o espírito de gratidão por tudo que ele fez. Ele foi, acima de tudo, um grande doador; e importava-se principalmente com a melhor forma de dar, chamada ação de graças. Se outro grande homem escrevesse uma gramática de assentimento, bem se poderia dizer que ele escreveu uma gramática de aceitação; uma gramática de gratidão. Ele compreendeu, até à profundidade máxima, a teoria do agradecimento; e essa profundidade é um abismo sem fundo. Sabia que o louvor de Deus é mais forte quando se esteia ao nada. Sabia que podemos medir melhor a altura do milagre do mero fato da existência, se compreendermos que, a não ser por uma estranha mercê, nem mesmo existiríamos. E qualquer coisa dessa verdade maior se repete em forma menor nas nossas próprias relações com tão poderoso produtor de história. Ele é também um doador de coisas de que nós não teríamos nem sequer pensado por nós mesmos; ele também é grande demais para seja o que for, exceto gratidão. Dele procedeu um inteiro despertar do mundo, e uma aurora na qual todas as formas e cores se podiam ver como novas. Os poderosos e geniais homens que fizeram a civilização cristã que conhecemos, aparecem na história quase como servidores e imitadores. Antes de Dante, ele dera poesia à Itália; antes de São Luís governar, ele se tinha erguido como a tribuna dos pobres; antes que Giotto pintasse quadros, ele havia executado cenas. O grande pintor que iniciou toda a inspiração humana da pintura, fora, ele próprio, inspirar-se com São Francisco. Dizem que quando São Francisco levou ao palco, à sua feição de singeleza, uma peça da Natividade de Belém, com reis e anjos vestidos na indumentária medieval rija e vistosa, e com cabeleiras douradas que faziam as vezes de auréola, operou-se um milagre cheio da glória franciscana. O Menino Jesus era um bonequinho de madeira ou bambino, e, ao abraçá-la, a imagem tomara vida nos seus braços. Ele certamente não estava pensando em coisas menores; mas podemos ao menos dizer que uma coisa tomara vida no seu abraço, e a essa coisa damos o nome de drama. Exceto pelo seu intenso amor às canções, ele talvez não representou individualmente esse espírito em nenhuma dessas artes. Ele foi o espírito que se fez representar. Foi a essência espiritual e substância que pisaram o mundo antes que alguém tivesse visto estas coisas nas formas visíveis derivadas daí: um fogo erradio, como se de parte alguma, com o qual os homens mais materiais podiam acender archotes e círios. Foi a alma da civilização medieval, antes mesmo de ter ela encontrado corpo. Outra corrente bastante diversa de inspiração espiritual deriva em grande parte dele: toda a energia reformadora dos tempos medieval e moderno que vai a cargo do *Deus est Deus Pauperum*. Seu ardor abstrato pelos seres humanos encontrava eco numa multiplicidade de leis medievais justas contra o orgulho e a crueldade dos ricos; e acha-se hoje por detrás de muito do que se chama vagamente o Socialista Cristão, e mais corretamente pode ser denominado o Democrata Católico. Nem do lado artístico nem do social haveria quem pretendesse que essas coisas não teriam existido sem ele; entretanto, é estritamente verdadeiro dizer-se que não podemos agora imaginá-las sem ele; uma vez que ele viveu e modificou o mundo.

E qualquer coisa do senso de importância que lhe era mais de metade do poder, haverá de descer sobre quem quer que saiba o que foi na história essa inspiração, e possa apenas registrá-la numa série de frases pobres e sem brilho. Ele saberá o que São Francisco quis dizer com a boa e grande dívida que se não pode pagar. Ele sentirá imediatamente o desejo de ter feito infinitamente mais, e a futilidade de ter feito o que quer que fosse. Saberá o que significa ficar debaixo de tal dilúvio de maravilhas de um morto, e nada ter em troca para estabelecer contra ele; nada ter que colocar debaixo das arcadas suspensas e opressivas de semelhante templo do tempo e da eternidade, exceto essa pequena vela que tão depressa se consome ardendo à frente das suas relíquias.

* FIM *

ORAÇÃO

O BISPO DE NORTHAMPTON, Inglaterra, expressou a sua intenção de abrir uma causa de beatificação para G.K. Chesterton. Desde então, os admiradores da obra de Chesterton passaram a divulgar a seguinte oração para que, de forma privada, todos possam rezar pela causa:

Deus Nosso Pai,

Vós que enchestes a vida de vosso servo Gilbert Keith Chesterton com aquele sentido de admiração e alegria, e lhe destes uma fé que foi o fundamento de seu incessante trabalho, uma esperança que nascia de sua perene gratidão pelo dom da vida humana, uma caridade para com todos os homens, particularmente em relação aos seus adversários; faz com que sua inocência e seu riso, sua constância no combate pela fé cristã em um mundo descrente, sua devoção de toda a vida pela Santíssima Virgem Maria e seu amor por todos os homens, especialmente pelos pobres, concedam alegria aos que se encontram sem esperança, convicção e ardor aos crentes tíbios e o conhecimento de Deus àqueles que não têm fé.

Rogamos a vós, Senhor, que nos conceda as graças que vos pedimos, de maneira que, sendo a vossa vontade, seja reconhecida a santidade de Gilbert Keith Chesterton, e que a Santa Igreja permita que ele seja proclamado beato.

Tudo isto vos pedimos por Cristo Senhor Nosso.

Amém.

FICHA CATALOGRÁFICA

Chesterton, G. K. (Gilbert Keith), 1874-1936
São Francisco de Assis / G. K. Chesterton; tradução
anônima – Campinas, SP: Ecclesiae, 2014.

Título original: *St. Francis of Assisi*

ISBN: 978-85-63160-78-2
1. Literatura Inglesa
1. Gilbert Keith Chesterton II. Título

CDD – 828.91209

Índices para Catálogo Sistemático

1. Literatura Inglesa, 1900-1945 – 828.91209

Este livro foi composto com ACaslon Pro,
papéis *chambril avena* 90g para o miolo,
e para a capa, cartão triplex 250g.